A CIDADE

COLEÇÃO
REPENSANDO A GEOGRAFIA

COORDENADOR
ARIOVALDO U. DE OLIVEIRA

REPENSANDO A GEOGRAFIA

A CIDADE

ANA FANI A. CARLOS

Copyright © 1992 Ana Fani Alessandri Carlos

Todos os direitos desta edição reservados à
Editora Contexto (Editora Pinsky Ltda.)

Coordenação da coleção
Ariovaldo U. de Oliveira

Projeto gráfico e de capa
Sylvio de Ulhoa Cintra Filho

Ilustração de capa
Detalhe de foto de São Paulo, de Eduardo Tavares

Fotos do miolo
Ana Fani Alessandri Carlos

Revisão
Luiz Roberto Malta/Texto & Arte Serviços Editoriais

Dados Internacionais de Catalogação na Publicação (CIP)
(Câmara Brasileira do Livro, SP, Brasil)

Carlos, Ana Fani Alessandri.
 A cidade / Ana Fani Alessandri Carlos. 9. ed., 6ª reimpressão. –
São Paulo: Contexto, 2024. (Repensando a Geografia)

Bibliografia
ISBN 978-85-7244-015-8

1. Cidades. 2. Geografia Urbana. 3. Planejamento Urbano.

92-0099   CDD-910.91732

Índice para catálogo sistemático:
1. Cidades : geografia urbana : 910.91732

2024

EDITORA CONTEXTO
Diretor editorial: *Jaime Pinsky*

Rua Dr. José Elias, 520 – Alto da Lapa
05083-030 – São Paulo – SP
PABX: (11) 3832 5838
contato@editoracontexto.com.br
www.editoracontexto.com.br

Proibida a reprodução total ou parcial.
Os infratores serão processados na forma da lei.

SUMÁRIO

A Autora no Contexto 7

Introdução 11

1. A Paisagem Urbana 35

2. O Uso do Solo Urbano 45

3. A Valorização do Espaço Urbano 50

4. Cidade: Uma Perspectiva Histórica 56

5. Repensando a Noção de Cidade 67

6. Cidade como Campo de Lutas 82

Conclusão 90

Sugestões de Leitura 93

O Leitor no Contexto 95

A AUTORA NO CONTEXTO

Ana Fani Alessandri Carlos é professora do Departamento de Geografia da Faculdade de Filosofia, Letras e Ciências Humanas da Universidade de São Paulo onde obteve os títulos de Mestre e Doutor. É autora de vários artigos publicados em revistas especializadas no Brasil, e no exterior e do livro *Espaço e Indústria* (Contexto, 1988). Nos últimos anos vem desenvolvendo pesquisas ligadas ao Urbano. Depois da tese de doutoramento "A (Re)produção do Espaço Urbano", defendida em 1988, realizou estágio de pós-doutorado na Universidade de Paris VII, em Paris (em 1989) onde fez um levantamento sobre o estágio atual da pesquisa urbana na França.

Atualmente sua preocupação está voltada aos "modos" de entender a cidade e o urbano que a arte possibilita, principalmente a música e a literatura. Além disso, vem pesquisando, há algum tempo, uma nova linguagem de percepção da realidade urbana através do vídeo. Como instrumento didático, produziu com um grupo de alunos o vídeo "Vídeo – Geografia?" – voltado para o ensino fundamental e médio.

Além da geografia alimenta várias paixões: ginástica aeróbica, música clássica – dentre outros, seus preferidos são Mozart, Beethoven, Wagner, Tchaikovsky – e esportes – embora se considere um talento ainda não revelado: "Jogo mal tênis e vôlei, mas não desisto".

A seguir Ana Fani responde às três questões que lhe submetemos.

1) As pessoas procuram as cidades com a finalidade de conseguir mais segurança, conforto e acesso aos bens culturais. As grandes cidades do Brasil têm oferecido isso a seus habitantes?
R. Não me parece que, no Brasil, as pessoas procurem as cidades com essa finalidade mesmo porque ela tem sido, em muitos casos uma etapa no processo migratório a que muitos brasileiros se submetem em busca de trabalho e de uma vida digna. Em segundo lugar, as cidades brasileiras são produzidas tendo por base um modelo de desenvolvimento econômico onde o déficit habitacional é enorme, os gastos com educação têm diminuído sensivelmente, com a consequente queda do padrão de qualidade, particularmente das escolas públicas onde a pobreza aparece em toda sua força.

2) Qual o tipo de identidade que uma pessoa de cidade grande tem com os outros habitantes, uma vez que as pessoas dividem-se em regiões (ou melhor, distribuem-se em regiões) distintas que têm identidade própria – por exemplo, zona sul e zona norte no Rio, zona leste e zona oeste em S. Paulo, etc.
R. A identidade entre as pessoas é construída no cotidiano, o que supera as particularidades. Seria impossível pensar, por exemplo, os movimentos sociais urbanos sem construção da identidade entre indivíduos, isto é, sem a possibilidade da criação do indivíduo coletivo a partir da produção de uma interpretação do mundo que lhes seja peculiar a partir de condições e modos de vida determinados. Todavia, a metrópole espelha a diversidade que se constitui a partir de hábitos, costumes, cultura particulares que criam bairros diferenciados, modos de expressão e formas diferenciadas de apropriação do espaço urbano.

3) Qual acha que será o futuro das cidades? Com a melhoria das comunicações as cidades poderão se transformar em fornecedores de mão de obra e os subúrbios em local privilegiado de moradia das elites?
R. Não me agrada traçar prognósticos, mesmo porque, as grandes metrópoles mundiais – apesar de produtos de um mesmo processo – apresentam especificidades históricas que devem ser levadas em conta. No caso da metrópole paulista os subúrbios, entendidos como a periferia da mancha urbana, não abrigam apenas população de alta renda que abandonou a grande cidade em busca de uma melhor qualidade de vida, abrigam também população de baixo poder aquisitivo que foi expulsa das áreas centrais

da cidade devido ao preço da terra urbana. Se bem que podemos constatar um aumento do número de cortiços e favelas nas áreas centrais da cidade de São Paulo nos últimos anos.

Poluição, prédios parecem definir a grande metrópole. Pelo menos é assim que o habitante a percebe. Será a cidade apenas o construído?

INTRODUÇÃO

O DIRETAMENTE PERCEBIDO: O JOGO DAS APARÊNCIAS

O que é a cidade? Essa pergunta pode ficar no ar. Qualquer habitante da cidade sabe o que ela é, posto que ele vive na cidade e constrói no seu cotidiano o cotidiano da cidade. Mas qual seria a real dimensão desse termo, tão empregado pela geografia urbana? Uma localidade definida a partir de um determinado número de habitantes? A sede de um município?
Façamos um exercício de pensar a cidade na qual vivemos. Podemos pensar na metrópole paulista. Pelo trajeto de um ônibus cortando a cidade de um lado ao outro – por exemplo, do centro para a periferia –, perceberíamos uma paisagem construída. Uma paisagem cinza, onde o verde cede lugar aos prédios, casas, ruas, tudo parecendo estar coberto por uma nuvem de poluição.
Um amontoado de prédios? Uma série infindável de carros? Um barulho, às vezes ensurdecedor, misto de buzina, motores de veículos, gritos de ambulantes?
É isso a cidade?
Façamos um teste de associação. Que palavras as pessoas associam à palavra cidade? Ruas, prédios, carros, congestionamento, multidão, gente – em mais de 80% dos casos. A cidade aparece aos nossos olhos – no plano do imediato, do diretamente perceptível, como concreto diretamente visível e percebido, formas, caos. A cidade que parece distante, aparece num emaranhado difícil de ser apreendido, quase impossível de ser capturado.

É raro emergirem associações vinculadas a sentimentos e emoções que permeiam as relações humanas. A forma domina, predomina, esmaga os seres humanos como as grandes construções religiosas. A sensação que se tem, ao entrar numa das inúmeras catedrais espalhadas no mundo (das pequenas cidades às grandes metrópoles), é da limitação do ser humano mortal, diante da grandeza do Deus imortal. A obra do homem parece se sobrepor ao próprio homem e as formas concretas visíveis escondem seu real significado: a de obra sem sujeito. Brecht, em "Perguntas de um operário que lê", dá-nos a dimensão exata dessa ideia:

> Quem construiu as portas de Tebas?
> Nos livros constam nomes de reis.
> Foram eles que carregaram as rochas?
> E Babilônia destruída mais de uma vez?
> Quem a construiu de novo?
> Quais as casas de Lima dourada
> que albergavam os pedreiros?
> Na noite em que se terminou a muralha da China
> para onde foram os operários da construção?
> A eterna Roma está cheia de arcos de triunfo.
> Quem os construiu?
> Sobre quem triunfavam os césares?
> Bizâncio, tão cantada, só consistia de palácios?
> Mesmo na legendária Atlântida
> os moribundos chamavam pelos seus escravos
> na noite em que o mar os engolia...

As catedrais, apesar de construídas pelo homem, pertencem a Deus; já as cidades de hoje, pertencem ao capital. Para usufruir da primeira é necessário a subjugação a Deus, seguir seus mandamentos. No caso da cidade é a subjugação do homem às necessidades de reprodução do capital; onde o homem se vê capturado pelas necessidades de consumo e lazer.

No caso do poema de Brecht, Roma dos arcos do triunfo, ou mesmo as portas de Tebas ou ainda a muralha da China não aparecem explicitamente ligadas ao trabalho do homem de uma determinada sociedade. Na realidade, ignora-se totalmente esse fato. As conquistas aparecem vinculadas aos reis, aos líderes, quem constrói, quem conquista, quem luta, quem destrói. Como a história produz o relato da história da humanidade? Como se constitui o sujeito no processo de humanização de humanidade? Como pensar para além das formas e aparências?

História de Heróis

Na esteira das formas, coisifica-se o homem e suas relações; suas obras e produtos lhe são subtraídos. Cria-se a ideia do herói. A história se constrói através de personagens heroicos, onde se obscurece as marcas da coletividade. "O jovem Alexandre conquistou a Índia. Conquistou sozinho? César bateu os gálicos. Não tinha ao menos um cozinheiro consigo?", pergunta Brecht. Obscurece-se, elimina-se o cotidiano e sua construção, tanto em sua dimensão de repetição da necessidade e do desejo do consciente e do inconsciente, quanto daquela que põe de manifesto contradições e desigualdades, satisfações e insatisfações. Ignora-se a energia criadora das obras. E aí a história se torna espetáculo e a cidade o palco de grandes acontecimentos.

Se pensarmos a discussão sobre a noção de cidade apoiada na sua aparência, esta tem como ponto de partida a construção de uma imagem que as pessoas fazem da cidade.

A poesia concreta que surge da vida na grande cidade, enquanto forma de interiorização da vivência urbana, pode ser usada, claramente, como exemplo do reflexo do processo industrial no modo de vida urbano.

A poesia concreta, por exemplo – enquanto manifestação poética que surge na cidade –, traz uma contribuição importante para se pensar a cidade. Enquanto forma e linguagem, a poesia concreta é assimétrica e objetiva. Por outro lado, traz a percepção das dificuldades vividas nas grandes cidades: a vida, a cidade, a percepção e a sensibilidade que a experiência e o cotidiano nos centros urbanos provocam.

Para Ronaldo de Azevedo, "Fragmentos de Fragmentos de Prosa", a grande cidade é o grande dragão; mas um dragão despido de suas lendas. Ele não cospe fogo, mas emite ruídos ensurdecedores, identificados com os da cidade.

a grande cidade	a grande cidade	o grande dragão

O grande dragão sem as sete cabeças sem as línguas de fogo sem a entrada da caverna na montanha sem guardar nada sem o príncipe louro de olhos azuis que com sua espada virá alvejá-lo mortalmente no coração sem guardar nada

um edifício	35 andares	14 elevadores
	1200 janelas	6000 cabeças

o grande dragão não cospe fogo, emite ruídos ensurdecedores o grande dragão que ao ser alvejado transforma-se em uma linda princesa que por feitiço estava sob aquela forma

o grande dragão é tudo SOB AQUELA FORMA QUE ENGOLE

o taxilucrotômetro

muralhas de cimento
milhares de pessoas

SALVE-SE QUEM PUDER

A cidade aparece enquanto conjunto numérico, um edifício: 35 andares, 1.200 janelas, 14 elevadores, 6.000 cabeças. É concentração de casas, seres humanos transformados em massa disforme sem identidade, personalidade, necessidades, desejos. "Salve-se quem puder!" É a ciência da violência e dos seres humanos esmagados.

Em um outro fragmento, dá um exemplo de como se estruturam as relações humanas:

a cidade cresce

aos 92 anos velha casa-se com bonitão os papéis de casamento que ela assinou eram escrituras de venda bens no valor de 4 milhões bonitão deu o pira agora enquanto a velha lava e passa o vestido de noiva pergunta: POR QUE ALGUNS CASAMENTOS DÃO CERTO E OUTROS NÃO?

As relações coisificadas ocorrem através da mediação do dinheiro. A cidade continua crescendo, atraindo pessoas, aspirando trabalho, separando indivíduo, gerando conflitos (latentes ou não), criando preconceitos.

O isolamento na grande metrópole é um dado indiscutível: o estar sozinho no meio da multidão.

Nesta cidade do Rio,
de dois milhões de habitantes,
estou sozinho no quarto
estou sozinho na América.

Estarei mesmo sozinho?
Ainda há pouco um ruído
anunciou vida a meu lado.
Certo não é vida humana,
mas é vida. E sinto a bruxa
presa na zona de luz.

De dois milhões de habitantes!
E nem precisava tanto...
Precisava de um amigo...

Aqui, o Rio de Janeiro dos anos 50 desfila através da pena de Carlos Drummond de Andrade, onde as relações do homem com o outro são marcadas pela ausência de comunicação. As relações são fragmentadas, o modo de vida dilui os contatos. A falta de um amigo é um fato, a comunicação com o outro aparece como uma necessidade, ao mesmo tempo que como uma dificuldade intransponível. "Mas se tento me comunicar o que há é apenas a morte e uma espantosa solidão." O estar sozinho, no entanto, não se dá só em relação ao espaço imediato da cidade, mas para além dela – liga-se à sociedade urbana onde a vida da metrópole se depreende a partir dos ruídos e não pelas relações pessoais: a amizade, o amor ou mesmo um gesto de carinho.

Ainda dois elementos aparecem na discussão inicial e dizem respeito a como a cidade é apreendida pelo cidadão: o ritmo e o tempo.

Em "Reflexões Urbanas" – poema de Teru Tamaki que apresenta um dia na vida do habitante da cidade –, esta aparece como concreto de prédios e passarelas. As horas do dia determinam atitudes e atividades do cidadão num ritmo alucinante. A grande metrópole "funciona" vinte e quatro horas por dia, o ritmo é diferente do ritmo do relógio biológico. O tempo aqui é diferente daquele do campo. O ritmo não é dado pela natureza, estações do ano, nem pelo clima. A vida é normatizada pelo uso do relógio e as atividades *na* e *da* cidade se desenvolvem no período de 24 horas, independente do clima, das condições físicas ou mesmo biológicas. As cenas se sucedem em ritmo intenso e desumano.

>9h. Sexta-feira. Verão. Encontro marcado.
>Cruzamento desmarcado do tormento grande da cidade grande.
>Semáforos. Passarelas.
>Poucas vielas, sem ruelas. Zebras e Apitos.
>Gritos. Grilos. Corridas. Idas. Buzinas.
>Hipertensões. Chega. Fica na fila. Espera.
>Toma elevador. Sobe. Sala de espera. Uma secretária. Que parada! Enganada? Informações.
>Espera. Cafezinho. Veja. Visão. IstoÉ. 10h15.
>Bonitinha. Chama. Entra. Mesa de reuniões.
>Papéis, pastas, plantas, contas. Controvérsias.

Desconversas. Acordos e riscos. Carimbos e cafezinhos. Os cigarros e a fumaça. 12h20. Sai.
Espera. Desce. Anda. Corre. Para. Espera.
E empurrado. Trombeteia. Atravessa. Espera.
Vira. Chega.
12h55. Mesa de restaurante. Espera. Chega.
Molho bem salgado. Chope de colarinho. Carne mal passada. Preço bem passado. – Corta.
14h10. No outro prédio. Sobe. Para. Entra.
Pergunta. Tira o paletó. Acende o cigarro.
Telefonemas. Informações. Deformações.
Providências. Evidências. Decisões. Indecisões.
Senões. Obrigações. Fone. "Sua" secretária.
Está bonita. Fornecedores. Especuladores.
Cafezinho. Formalidades. Informalidades. Que cidade! Oh boy! Horas passadas. Assadas.
A secretária se retocando. Fim de expediente.
Um belo relógio. 19h00.
Nova corrida. Grevistas na rua. Grevistando.
Avisando. Reivindicando. Esposa no cabeleireiro.
Um casamento do filho do Severino.
Sujeito fino. Bom companheiro. Três vezes assaltado, infelizmente. Buzinas tocando.
Povo dançando – corta.
22h30. VT. Seriado. Colorido. O crime não compensa – corta.
23h50. Hora de descansar. Filosofar. Amanhã é sábado. Tempo bom. Nublado. Sujeito a chuvas e trovoadas. Índice de poluição 947.3.
Temperatura a de sempre. – corta.
9h37. Sábado!!!
– Santos Guerreiros!
– Aonde vou? Estou?
– Corta.
9h39
– Bem... qualquer dia vou visitar o neto do Severino... no próximo verão...
– Corta.

A música "Sinal Fechado", de Paulinho da Viola, expressa bem a questão do tempo no cotidiano dos habitantes da cidade.

– Olá, como vai?
– Eu vou indo e você, tudo bem?
– Tudo bem, eu vou indo correndo pegar meu lugar no futuro e você?
– Tudo bem, eu vou indo em busca de um sonho tranquilo, quem sabe, quanto tempo...

– Pois é, quanto tempo!
– Me perdoe a pressa é a alma de nossos negócios.
– Ah! não tem de quê, eu também só ando assim.
– Quando é que você telefona? Precisamos nos ver por aí.
– A semana, prometo, talvez, nos vejamos quem sabe?
– Quanto tempo, pois é, quanto tempo!
– Tanta coisa que eu tinha a dizer, mas eu sumi na poeira das ruas.
– Eu também tenho algo a dizer, mas me foge a lembrança.
– Por favor, telefone, eu preciso beber alguma coisa rapidamente.
– A semana, o sinal, eu procuro você, vai abrir.
– Por favor, não esqueça, por favor.
– Adeus, não esqueço.
– Adeus.
– Adeus.

O Tempo e o Ritmo

O sinal dá a ideia do tempo e do entendimento sobre o tempo. O semáforo é o símbolo da cidade de hoje, do seu ritmo

A paisagem urbana é a expressão da
"ordem" e do "caos".

febricitante, dos signos que emitem ordem. Do tempo visto como sinônimo da pressa. De um tempo social diferencial construído por relações produtivistas. O decurso de tempo entre o "verde-amarelo-vermelho" marca o tempo da conversa, do relacionamento com o outro. Impõe o corre-corre, subtraindo do tempo a vida, no cotidiano do cidadão da grande cidade. O tempo passa a mediar a vida das pessoas, do seu relacionamento com o outro, uma relação coisificada, mediada pelo dinheiro e pela necessidade de ganhá-lo. "TIME IS MONEY".

O ritmo da música dá-nos a sensação do "ritmo de vida" e as pessoas se relacionam pelo tempo de duração da mudança do "verde-amarelo-vermelho".

O ritmo da cidade, esse tempo-duração, marca de tal modo a vida das pessoas que estas perdem a identificação com o lugar e com as outras pessoas. A duração é determinada por um tempo que tem a dimensão do produzir-se social e historicamente, diferente do tempo biológico que é determinado pela natureza.

Na realidade, essa noção de tempo, que permeia a vida de relações, alude à situação do homem no mundo moderno, conflituosa e contraditória. Em Pirandello, essa ideia aparece na observação do personagem Serafino Gubbio:

> eu também conheço o dispositivo externo, quero dizer mecânico da vida que fragorosa e vertiginosamente nos envolve sem tréguas. Hoje, desse ou daquele jeito, isto e aquilo para fazer; correr para cá, com o relógio na mão, para chegar em tempo lá. – Não, meu caro, obrigado: Não posso! – Ah, sim, realmente? Sorte sua! Tenho que ir embora... – Às onze, o almoço. – O jornal, a bolsa, o escritório, a escola... Tempo bom, que pena! Mas os negócios... – Quem está passando? Ah, um carro fúnebre... Um cumprimento, às pressas, a quem se foi – A oficina, a fábrica, o tribunal... Ninguém tem tempo ou modo de parar um momento para considerar se aquilo que vê os outros fazerem, aquilo que ele mesmo faz, seja realmente o que acima de tudo lhe convém, o que lhe pode dar aquela certeza verdadeira, na qual somente poderia encontrar o repouso.
> (Cadernos de Serafino Gubbio, operador.)

E essa ideia de tempo que permeia a vida das pessoas, ritmando o corre-corre da metrópole, atinge corações e mentes, inebria e amortece. A relação das pessoas com o tempo é mediada pela máquina. "Os meus olhos, e também as minhas orelhas, de tão acostumados, já começam a ver e a escutar tudo sob certa espécie de rápida, trêmula e cadenciada reprodução mecânica", continua Pirandello.

A vida das pessoas se modifica com a mesma rapidez com que se reproduz a cidade. O lugar da festa, do encontro quase desaparecem; o número de brincadeiras infantis nas ruas diminui – as crianças quase não são vistas; os pedaços da cidade são vendidos, no mercado, como mercadorias; árvores são destruídas, praças transformadas em concreto. Todavia, o mesmo modo de vida urbano que expulsa das ruas as brincadeiras infantis, aprisionando crianças e adolescentes, produz o seu inverso, e joga nas ruas centrais da cidade ou nos cruzamentos de alta densidade crianças vendendo coisas ou roubando. Benjamin, no ensaio sobre Moscou, revela que no panorama das ruas dos bairros as crianças são importantes: "durante o dia são vistas o mais das vezes sozinhas, cada qual segue sua própria trilha de guerra. À noite, porém, juntam-se em bandos defronte de fachadas muito luminosas de cinemas, e conta-se aos forasteiros que não é bom encontrar tais bandos ao retornar para casa por caminhos ermos. Para entender esses seres completamente embrutecidos, descontraídos, amargurados, ao educador só resta ir para a rua em pessoa".

Por outro lado, os habitantes parecem perder na cidade suas próprias referências. A imagem de uma grande cidade hoje é tão mutante que se assemelha à de um grande guindaste, aliás, a presença maciça destes, das britadeiras, das betoneiras nos dão o limite do processo de transformação diária ao qual está submetida a cidade.

Num país como o Brasil talvez a metáfora de Baudelaire esteja mais próxima do real "La ville change plus vite, helàs!, que le coeur d'un mortel".

O mundo dos homens é cada vez mais o mundo da mercadoria e do que é possível comprar. A relação das pessoas – mediada pelo dinheiro – passa pela relação das coisas. "Me perdoe a pressa, é a alma dos nossos negócios" ou ainda "Tudo bem, eu vou indo correndo pegar meu lugar no futuro". Essas metáforas expressam de forma clara o fato de que a relação entre as pessoas na metrópole é mediada pela mercadoria, pelo dinheiro.

O andar apressado, o olhar distante e frio, um único pensamento: chegar depressa em algum lugar. São os papéis que assumimos ou nos são impostos pela sociedade urbana hoje.

A cena do Viaduto do Chá, no centro da cidade de São Paulo, onde se acotovela, sem cessar, uma horda de gente apressada e sem rosto nos lembra a descrição de Engels feita em 1845 para "Londres". As multidões cruzam-se como se as pessoas não tivessem nada em comum, como se nada tivessem a fazer em conjunto, enquanto que a única convenção entre elas é o tácito acordo de que cada qual segue seu lado no passeio a fim de que as duas correntes da multidão não se atravessem uma à outra, criando um obstáculo recíproco. "Mas para além disso, ninguém se lembra de conceder ao outro um olhar que seja".

Essa indiferença brutal, esse isolamento insensível de cada indivíduo no seio de seus interesses particulares, são tanto mais repugnantes e ofensivos quanto maior é o número de indivíduos confinados num espaço reduzido "... esse mundo dos átomos é aqui levado ao extremo".

O centro da metrópole, o centro de negócios, produz diariamente um grande "vai e vem" de pessoas apressadas. Multidão amorfa. O mundo urbano não é homogêneo; há uma multiplicidade de atos, modos de vida, de relações. Há também as diferenças entre cidades.

Será que o vermelho-amarelo-verde também marca o ritmo da vida das pessoas de uma pequena cidade como Mombuca (no interior de São Paulo)? Será que cidadãos de uma pequena ou mesmo média cidade apresentam o andar apressado, o olhar distante e frio e carregam na mente o pensamento de chegar "correndo" a algum lugar? Por outro lado, será que aí o indivíduo se perde na multidão e se sente livre para fazer o que quiser?

O Mundo das Coisas

Na sociedade atual o homem/operário é apenas expressão do tempo. É o tempo que dá a medida da vida e impõe o ritmo urbano. O tempo é tudo, o homem não é nada na medida em que um operário só se distingue do outro pela quantidade de trabalho (materializado em mercadorias) que é capaz de produzir. Nesse sentido, o mundo dos homens passa a ser o mundo das coisas. O homem passa a ser avaliado pela sua capacidade de "ter coisas". O *outdoor* da propaganda das camisas/calças da USTOP é bastante sintomático desse tipo de relação: "O MUNDO TRATA MELHOR QUEM SE VESTE BEM".

Um homem bem-vestido, descendo de um carro "do ano" na porta de um restaurante da moda será tratado de "doutor". Um cidadão malvestido, descendo do ônibus e parando na porta do mesmo restaurante, sem dúvida alguma, será visto com ressalvas. É quase um ladrão, em potencial.

Quanto aos jovens, têm um jeito de se vestir, um corte de cabelo, uma linguagem, um modo de portar-se, e até gestos que homogenizam comportamentos e excluem o diferente.

As pessoas são tratadas de forma diferenciada em função de sua aparência, das roupas que vestem do carro que dirigem, lugares onde passam férias, restaurantes que frequentam, cartões de crédito que usam. Até as filas de banco são diferenciadas pelo uso do cheque especial. A mídia produz um modo de vestir e de sentir dentro de determinada roupa; e até um modo de sentir *out*. O homem passa a ser visto, avaliado e respeitado a partir de uma aparência produzida. São os valores urbanos. E a sociedade urbana que os impõe.

Assim, as relações entre as pessoas passam pelo dinheiro; o homem é entendido pelos aspectos exteriores e o que mede sua vida é o tempo de trabalho (é claro, sua produtividade) e a quantidade percebida de dinheiro. O padrão arquitetônico da cidade também segrega, separa, expulsa.

As linhas arrojadas, as estruturas metálicas, os jogos das sombras nas fachadas de vidro ajudam a normatizar o uso da cidade. Dentro de um ônibus que passa pela porta do Shopping Center Eldorado (um dos shoppings da metrópole paulista – um dos nossos templos de consumo) um cidadão atento presenciou o seguinte diálogo entre dois jovens – que pela aparência e modo de se expressarem poderiam ser incluídos na classe de renda baixa – "Nossa! Que coisa mais bonita e chique" E o outro retruca: "É lindo mesmo". O outro completa: "É mas aí acho que a gente não pode entrar, né?" O outro concorda: "É, eu acho que não!".

Como se fossem as maravilhas do Egito antigo! Quem construiu as pirâmides? Quem dorme o sono eterno?

O homem-máquina, o homem-mercadoria, o homem trabalhador. Mas que homem? Aquele a que Chico Buarque alude em "Construção"?

> Subiu na construção como se fosse máquina.
> Ergueu no patamar quatro paredes sólidas.
> Tijolo por tijolo meu desenho mágico.
> Seus olhos embotados de cimento e lágrima.
> (...)
> E se acabou no chão feito pacote flácido.
> Agonizou no meio do passeio público.
> Morreu na contramão atrapalhando o trânsito.

Mas este mesmo homem que atrapalha o trânsito, não ajudou a produzir a cidade com seu trabalho e a sua riqueza?

Cada vez mais a cidade espelha o fato de que dentro ou fora da fábrica o mundo dos homens passa a ser o mundo das *coisas*, das mercadorias. Ainda permanece a questão: o que é a cidade? Prédios, ruas, casas, praças, avenidas, viadutos, gente? Pensar para além das aparências significa refletir o fato de que a cidade é sempre tratada como algo caótico. No caso da metrópole paulista, vejamos alguns dados para aumentar a perplexidade do observador.

a) entre 1952 e 1980 a mancha urbana da metrópole passa de 355 km para 1.370 km;

b) em 1985, 45% da população vivia em sub-habitação – (em 1990, os favelados eram um milhão de pessoas). 47% das casas não têm esgotos e 20% não dispõem de água.

HETEROGENEIDADE

Mas o que é: prédio, casa, rua, praça, viaduto? O que essas coisas têm em comum? O que são senão trabalho materializado, concretizado em formas diferenciadas? Mas há um outro dado. O principal elemento que salta aos olhos quando paramos para observar a cidade é a heterogeneidade entre modos de vida, formas de morar, uso dos terrenos da cidade por várias atividades econômicas. Os contrastes podem chocar.

Por um lado, a favela – nos terrenos onde não vigora a propriedade privada da terra, portanto terrenos públicos ou em litígio; a autoconstrução – em bairros periféricos e afastados geralmente, sem infraestrutura. De outro, os apartamentos da classe média e os de alto padrão com áreas de 1000 m^2; e os sobrados, as mansões em ruas arborizadas pontilhadas por guaritas com guardas uniformizados. O colorido diferenciando-se em função dos bairros da cidade; ora é cinza (do concreto), passando pelo vermelho (duas ruas sem asfalto, das vertentes desnudadas sem cuidado) até o verde das ruas arborizadas. Há também o plano do sítio urbano ora ordenado (seja dos bairros cujo desenho lembra um plano quadrangular ou radioconcêntrico em torno e a partir de uma praça) ou desordenado, como é chamado pelos geógrafos o traçado onde as ruas se seguem sem um desenho coerente, onde os becos se multiplicam e fazem o motorista desatento perder-se em seu labirinto.

É evidente que os bairros se diferenciam também pelo movimento de frequência nas ruas. Nos chamados bairros nobres, onde reside a população de alta renda, as ruas são vazias. Nos bairros populares – com população de baixo poder aquisitivo – a rua é quase uma extensão da casa.

O uso diferenciado da cidade demonstra que esse espaço se constrói e se reproduz de forma desigual e contraditória. A desigualdade espacial é produto da desigualdade social.

O processo de reprodução espacial envolve uma sociedade hierarquizada, dividida em classes, produzindo de forma socializada para consumidores privados. Portanto, a cidade aparece como produto apropriado diferencialmente pelos cidadãos. Essa apropriação se refere às formas mais amplas da vida na cidade; e nesse contexto se coloca a cidade como o palco privilegiado das lutas de classe, pois o motor do processo é determinado pelo conflito decorrente das contradições inerentes às diferentes necessidades e pontos de vista de uma sociedade de classes.

Como consequência surgem os movimentos sociais urbanos pelo direito à cidade no seu sentido pleno – o habitar e tudo que isso implica, não se restringindo apenas à luta por equipamentos urbanos.

Na realidade, o que podemos presenciar na letra de Paulinho da Viola ou no texto de Tanaki é a repetição e a trivialidade inerentes ao cotidiano: os gestos mecânicos, os atos desprovidos de sentido, o passar das horas, dias, meses e anos. Repetições lineares e cíclicas. Uma racionalidade imposta numa nova dimensão do tempo na metrópole, na medida em que o cotidiano representa o emprego de tempos diferenciados.

Por outro lado, para além da repetição, o cotidiano aparece como o lugar da confrontação que emerge na luta entre o permanente e o mutável; entre o racional e o irracional.

O cotidiano para Lefebvre caracteriza a sociedade em que vivemos e apresenta-se como o caminho mais racional para entendê-la. Nesse ponto cabe esclarecer que o cotidiano é uma construção: a sociedade se organiza e constrói seu cotidiano seguindo uma ordem. No cotidiano, a separação homem-natureza, o exacerbamento do individualismo, a fragmentação dos indivíduos, ideias e trabalho aparecem com toda a força.

Da forma e do mundo fenomênico, da superação da representação é preciso caminhar para o entendimento do real a partir do que estas formas revelam e escondem enquanto expressões de relações sociais reais.

Assim, a paisagem urbana e a cidade nos abrem a perspectiva de entendermos o urbano, a sociedade, e a dimensão social e histórica do espaço urbano.

UMA RELAÇÃO ENTRE FORMA-ESSÊNCIA

A forma é a aparência, é o mundo da manifestação do fenômeno. Permite a constatação da existência do fenômeno, ao mesmo tempo em que é representação das relações sociais reais. Não é, apenas e tão somente, produto da história, na medida em que a aparência reproduz a história. A paisagem urbana, enquanto forma de manifestação do espaço urbano, reproduz num momento vários momentos da história. Aí emergem os movimentos, a multiplicidade dos tempos que constituem o urbano. A paisagem é humana, tem a dimensão da história e do socialmente reproduzido pela vida do homem. É expressão do trabalho social materializado, mas também é expressão de um modo de vida. A desigualdade que pode ser percebida "no olhar-se a paisagem" é consequência dos contrastes decorrentes do processo de produção do espaço urbano. As relações criam as formas e as funções que devem ser cumpridas.

Em síntese, pode-se afirmar que as coisas não se constituem sem que apareçam de certa forma e sejam capazes de serem apreendidas, analisadas, logo entendidas. É a partir daquilo que aparece aos olhos do pesquisador que as questões se colocam e o processo de conhecimento se desencadeia.

A cidade tem outras dimensões de análise. No século passado, Balzac já atentava para algumas características fundamentais da cidade: a constituição incessante do novo.

O interessante é que em *Ilusões Perdidas*, escrito entre 1835/1843, Balzac descreve a cidade dos acontecimentos de sua história, mas é quando constrói a personalidade de uma das principais personagens que emerge a noção de cidade através do relacionamento entre as pessoas. Vincula-as ao lugar de moradia dentro da cidade e delineia a relação entre pequena e grande cidade de um lado e o campo de outro.

Escreve o autor:

A Sra. de Bargeton encontrava-se então com trinta e seis anos, e o marido com cinquenta e oito. Essa disparidade chocava tanto mais quanto o Sr. de Bargeton parecia ter setenta anos enquanto a mulher poderia impunemente assumir ares de mocinha, vestir-se de cor-de-rosa ou pentear-se como uma menina. Não obstante não exceder a sua fortuna a doze mil libras de renda, fazia parte das seis fortunas mais consideráveis da velha cidade, se excetuarmos os negociantes e administradores. A necessidade de cultivar a amizade do pai, de quem a Sra. de Bargeton esperava a herança, a fim de ir para Paris, e que tão bem soube fazer esperar que o genro morreu antes dele, forçou o Sr. e a Sra. de Bargeton a habitar Angoulême, onde as brilhantes qualidades de espírito e as gemas brutas ocultas no coração de Naïs deveriam perder-se sem fruto, e mudar-se em ridículo com o tempo. Efetivamente, os nossos ridículos são, em grande parte, causados por um belo sentimento, por virtudes ou por faculdades levadas ao extremo.

(...)
Longe do centro onde brilham os grandes espíritos, onde o ar está carregado de ideias, onde tudo se renova, a instrução envelhece, o gosto se corrompe como uma água estagnada. Na falta de exercício, as paixões minguam avolumando as coisas mínimas. Aí está a razão da avareza e dos diz que diz ques que empestam a vida da província. Sem tardança, a imitação das ideias estreitas e das maneiras mesquinhas se apossa da pessoa mais distinta. Assim perecem homens que haviam nascido para ser grandes, e mulheres que, elevadas pelos ensinamentos da sociedade e formadas por espíritos superiores, teriam sido encantadoras. A Sra. de Bargeton tangia a lira a propósito de uma bagatela, sem distinguir a poesia íntima da poesia para o público. Existem, com efeito, certas sensações incompreendidas que devem ser guardadas em nós mesmos. Certamente que um pôr de sol é um grande poema, mas não será ridículo para uma mulher descrevê-lo com palavras grandiloquentes diante de criaturas materialistas?

Na obra citada de Balzac, a pequena cidade de Angoulême é analisada a partir de seu sítio em acrópole, outrora uma situação estratégica de fortaleza, o que causa hoje sua imobilidade. A cidade é descrita a partir de sua ocupação populacional. O relacionamento do indivíduo com a cidade repousa na hierarquia social: o lugar onde se localiza a residência de um lado descrimina e adjetiva o habitante e de outro delimita seus contatos e relações com os outros. Aqui a localização ganha uma dimensão social, não se limitando a coordenadas ou pontos de um mapa. Nesse contexto, a cidade se contrapõe ao campo como um centro que se caracteriza pelo novo, que representa um fervilhar de ideias, acúmulo de conhecimentos e experiências e símbolo da modernidade.

A Dimensão do Humano

Hoje a cidade é a expressão mais contundente do processo de produção da humanidade sob a égide das relações desencadeadas pela formação econômica e social capitalista. Na cidade, a separação homem-natureza, a atomização das relações e as desigualdades sociais se mostram de forma eloquente. Mas ao analisá-la, torna-se importante o resgate das emoções e sentimentos; a reabilitação dos sentidos humanos que nos faz pensar a cidade para além das formas. Isso nos faz analisar a cidade para além do homem premido por necessidades vitais (comer, beber, vestir, ter um teto para morar), esmagado por preocupações imediatas. A cidade é um modo de viver, pensar, mas também sentir. O modo de vida urbano produz ideias, comportamentos, valores, conhecimentos, formas de lazer, e também uma cultura.

Do mesmo modo que existem formas de entendimento da cidade, criação de imagens da cidade, também existem formas de ruptura. A cidade é também um campo privilegiado de lutas de classe e movimentos sociais de toda a espécie, que questionam a normatização da cidade e da vida urbana.

A cidade aparece como materialidade, produto do processo de trabalho, de sua divisão técnica, mas também da divisão social. É materialização de relações da história dos homens, normatizada por ideologias; é forma de pensar, sentir, consumir; é modo de vida, de uma vida contraditória.

Nesse sentido, o pensar o espaço do ponto de vista de sua produção envolve, necessariamente refletirmos sobre a abrangência do significado do termo produção, na medida em que a noção de produção envolve sempre aquela de reprodução.

É preciso, inicialmente, salientar que existe uma articulação necessária entre produção e reprodução: um dos seus elementos está sempre sendo analisado como momento particular do todo, em suas articulações e conexões com o movimento geral, num processo de desenvolvimento de relações historicamente produzidas. Se o processo de reprodução, por um lado, refere-se ao processo de realização e acumulação do capital, de outro refere-se ao desenvolvimento da vida humana em todas as suas dimensões e significados. Assim, a noção de reprodução apareceria como um conjunto contraditório de significados.

No espaço urbano, por exemplo, fundem-se os interesses do capital, a ação do Estado e a luta dos moradores como forma de resistência contra a segregação no espaço residencial e pelo direito à cidade. A ideia de urbano transcende aquela de mera concentração do processo produtivo *stricto sensu*; ele é um produto do processo de produção num determinado momento histórico, não só no que se refere à determinação econômica do processo (produção, distribuição, circulação e troca) mas também às determinações sociais, políticas, ideológicas, jurídicas, que se articulam na totalidade da formação econômica e social. Desta forma, o urbano é mais do que um modo de produzir, é também um modo de consumir, pensar, sentir, enfim, é um modo de vida. É, todavia, na materialização da divisão espacial do trabalho que aparecem as relações contraditórias do processo de reprodução do capital.

A análise do urbano aponta para a discussão da totalidade; isto é, da sociedade urbana como uma realidade que se generaliza, na medida em que o processo vai da cidade à metrópole numa escala muito mais vasta que antes, e que diz respeito à sociedade inteira; isto é, a sociedade inteira torna-se urbana, num processo que se desenvolve com profundos conflitos.

A urbanização e a industrialização são fenômenos mundiais. A universalização das trocas aproxima países e aprofunda a divisão espacial e internacional do trabalho, dentro de uma relação de dependência entre territórios nacionais dentro da formação econômica e social capitalista.

O desenvolvimento das forças produtivas gera mudanças constantes e com estas, a modificação do espaço urbano. Estas mudanças são hoje cada vez mais rápidas e profundas, gerando novas formas e configurações espaciais, novo ritmo de vida, novo relacionamento entre as pessoas, novos valores. Por outro lado, o espaço é cada vez mais o espaço mundial e as relações entre os homens dependem cada vez mais de decisões tomadas a milhares de quilômetros de seu local de residência.

A cidade representa trabalho materializado; ao mesmo tempo em que representa uma determinada forma do processo de produção e reprodução de um sistema específico, portanto, a cidade é também uma forma de apropriação do espaço urbano produzido. Enquanto materialização do trabalho social, é instrumento da criação de mais-valia, é condição e meio para que se instituam relações sociais diversas. Nessa condição apresenta um modo determinado de apropriação que se expressa através do uso do solo. O modo pelo qual esse uso se dará dependerá, evidentemente, dos condicionantes do seu processo de produção. No caso da sociedade capitalista estará determinado pelo processo de troca que se efetua no mercado, visto que o produto capitalista só pode ser realizado a partir do processo de apropriação, no caso específico, via propriedade privada.

Assim, a cidade aparece como um bem material, como uma mercadoria consumida de acordo com as leis da reprodução do capital. O processo de produção da cidade tem por característica fundamental produzir um produto que é fruto do processo social de trabalho, enquanto processo de valorização, que aparece sob a forma de mercadoria, que se realiza através do mercado; isto é, a terra urbana é comprada e vendida no mercado imobiliário enquanto mercadoria.

O ESPAÇO QUE CABE INTUIR

O mundo se cria e se recria a partir das relações que o homem mantém com a natureza e da maneira como ele se constrói enquanto indivíduo. Nesse processo ele não só constrói o mundo mas também um modo de entendê-lo e explicitá-lo enquanto possibilidade aberta de transformação. Ao longo do processo de desenvolvimento das forças produtivas da sociedade, o processo de trabalho amplia constantemente o domínio do homem sobre a natureza, que vai adquirindo novos significados.

Podemos nos perguntar a respeito do espaço geográfico: que fenômeno expressa? Que contradição esconde? Qual sua relação com a realidade objetiva? Ele é exterior à sociedade ou intrínseco a ela? Que espaço a sociedade produz e como ela se reproduz na reprodução de seu espaço? Quais os objetivos e as necessidades do processo de produção espacial? Como a sociedade se vê a partir de sua própria produção e que caminhos vislumbra?

Tomamos como ponto de partida para a análise o fato de que ao produzir sua existência os homens produzem não só sua história, conhecimento, processo de humanização mas também o espaço. Um espaço que, em última instância, é uma relação social que se materializa formalmente em algo passível de ser apreendido, entendido e aprofundado. Um produto concreto, *a cidade, o campo, o território* – nessa perspectiva o espaço, enquanto dimensão real que cabe intuir – colocam-se como elementos visíveis, representação de relações sociais reais que a sociedade é capaz de criar em cada momento do seu processo de desenvolvimento. Consequentemente, essa forma apresenta-se como história, especificamente determinada, logo concreta.

O produto espacial expressa as contradições que estão na base de uma sociedade de classes e manifesta a segregação

Os contrastes entre o novo e o velho marcam o processo de reprodução urbano.

decorrente das formas de apropriação da terra que têm sua lógica no desenvolvimento desigual das relações sociais dentro da sociedade.

O desenvolvimento histórico produz um espaço a partir da unidade dialética homem-natureza. Pelo processo de trabalho social, enquanto produto da existência humana, o espaço geográfico é construído no processo de desenvolvimento da sociedade. O processo de reprodução do espaço geográfico é determinado pela reprodução das relações sociais, fundamentada na divisão técnica e social do trabalho, em nível nacional e internacional, no âmbito da formação econômico-social. É na associação entre as determinações históricas específicas e as condições gerais do sistema que tal configuração será definida

Essas condições passam a ser produzidas pela sociedade em função de objetivos e necessidades impostos num dado momento histórico que se produz no embate entre o que é bom para o capital e o que é bom para a sociedade; o espaço se produz com lutas. Na luta, na possibilidade da troca, de mudanças de transformação da vida cotidiana há a identificação com o outro, criam-se laços de união e solidariedade entre as pessoas envolvidas, e com isso, a consciência do coletivo como base de qualquer movimento social.

Nesse processo, os indivíduos se identificam enquanto integrantes de classes e camadas sociais diferenciadas. A classe se produz pelos homens ao viver sua própria história, as classes não existem independentemente das relações e lutas históricas.

O espaço produzido pela sociedade implica desconsiderar o espaço como uma existência real independente da sociedade. A reprodução do espaço (urbano) recria constantemente as condições gerais a partir das quais se realiza o processo de reprodução do capital, da vida humana, da sociedade como um todo. A reprodução do espaço (urbano) enquanto produto social é produto histórico, ao mesmo tempo em que realidade presente e imediata. Esta realiza-se no cotidiano das pessoas e aparece como forma de ocupação e/ou utilização de determinado lugar, num momento histórico específico.

A Especificidade Histórica

Ao recuar-se no tempo pode-se perceber que em cada época a relação sociedade-espaço é distinta. Quanto mais se recua na história mais dependente torna-se o indivíduo das condições naturais; mas isso não quer dizer que não fosse capaz de produzir um espaço peculiar ao seu estágio de desenvolvimento.

O homem coletor habitava o planeta apenas tirando dele o necessário para sua sobrevivência. Existia uma relação muito grande de dependência do indivíduo em relação ao meio circundante. A atitude do indivíduo era passiva. Não existindo uma atividade produtora e por consequência criadora e transformadora, não existia o espaço geográfico, embora existisse vida no planeta. Mas foi dessa relação de pura coleta, para sobrevivência, que o homem começa a modificar essa relação passiva inicial com a natureza.

Na medida em que o homem vai deixando de ser coletor pura e simplesmente, e dedicando-se ao cultivo de plantas e à domesticação de animais na chamada "revolução agrícola" (uma das etapas do processo sociocultural) ele vai deixando de ser nômade. Quando o homem começa a produzir ele muda as suas relações com o meio. Ele passa a produzir um espaço e nesse relacionamento ambos começam a se modificar. Nessa evolução de relações a sociedade cria novas técnicas para o suprimento de suas necessidades de sobrevivência.

As necessidades da sociedade estão relacionadas com a capacidade de produção da sociedade pois a relação que se estabelece entre o homem e o meio é mediada pelo processo de trabalho, através do qual a sociedade produz o espaço no momento em que produz sua própria existência.

Isto quer dizer que: ao mesmo tempo em que através do processo produtivo a sociedade produz sua existência, ela produz o espaço. A relação homem-natureza dá-se dentro de um processo de trabalho que se situa dentro de um quadro mais amplo de produção de bens para satisfazer a existência humana.

Sociedade e espaço não podem ser vistos desvinculadamente pois a cada estágio do desenvolvimento da sociedade, corresponderá um estágio de desenvolvimento da produção espacial. A tendência normal de desvincular-se os dois pontos dessa relação dialética levará a uma compreensão errônea do que seja o espaço geográfico.

Esse desvinculamento, ao nosso ver, será impossível se se pensar inicialmente que a sociedade humana não existe fora da natureza que permite sua existência. Toda relação social de produção dá-se entre os homens (através da divisão do trabalho) com meios de produção, instrumentos de trabalho em relação ao meio circundante. Se não fosse levada em conta a natureza, essa sociedade não teria condições de fazer história, pois sua existência e sobrevivência são produtos da sua relação com a natureza. De um lado a sociedade com o seu trabalho, suas técnicas, seus instrumentos; de outro lado o meio natural. Da relação – do homem com a natureza – produz-se:

a) Os produtos necessários à sobrevivência da sociedade, capazes de satisfazer suas necessidades;

b) A natureza modificada, transformada, reproduzida;

c) Novas relações sociais, modos de pensar e de vida, cultura, ideias, etc.

O espaço geográfico não é estático, mas uma produção humana contínua, um "fazer incessante". É um produto histórico que se originou historicamente; não é um palco das atividades humanas. Além disso, o espaço geográfico, apesar de construído na consciência do homem, existe independentemente desta, visto que ele não é fruto de uma abstração intelectual existindo realmente fora do indivíduo, de uma maneira concreta, como uma produção social real.

Em síntese, o espaço geográfico é o produto, num dado momento, do estado da sociedade, portanto, um produto histórico; é resultado da atividade de uma série de gerações que através de seu trabalho acumulado têm agido sobre ele, modificando-o, transformando-o, humanizando-o, tornando-o um produto cada vez mais distanciado do meio natural. Suas relações com a sociedade se apresentam de forma diversa sob diferentes graus de desenvolvimento.

O homem, nesse contexto, é um ser social agente da vida econômica e da produção do espaço, que tendo por base as relações sociais, realiza profundas modificações no quadro econômico-político e social. O espaço é, pois, uma criação humana e sua produção coincide com o próprio modo pelo qual os homens produzem sua existência e a si mesmos.

Ora, o espaço se é um produto social, não existe *a priori*, ele não pode ser nunca matéria-prima. O que poderíamos considerar matéria-prima seria a natureza, que transformada pela relação com a sociedade produziria o espaço como produto social; e este espaço-produto seria consequentemente modificado de acordo com o desenvolvimento da sociedade e assim por diante. O que queremos dizer é que o espaço é um produto social em ininterrupto processo de reprodução.

O processo geográfico é, assim, um todo estruturado que se cria e se desenvolve à medida que a sociedade, ela própria, desenvolve-se. Esses constantes criação e desenvolvimento, que ocorrem através do processo de produção, são mensurados pelo trabalho, o qual é condição inicial, sem a qual não se pode entender o espaço.

"Urbanização Dependente"

Refletir, hoje, sobre a cidade no Brasil significa pensá-la enquanto materialização do processo de "urbanização dependente", em que as contradições emergem de modo mais gritante, e a acumulação da riqueza que caminha *pari passu* com a miséria, leva a um tipo de reivindicação diferenciada, se comparada àquelas emergentes nos países ditos desenvolvidos.

Aqui ainda se trava uma árdua luta por condições mínimas de vida, por direitos básicos já amplamente conquistados naqueles países.

A maior metrópole da América Latina, e principal cidade brasileira – São Paulo – é a expressão mais gritante do processo de reprodução do capital em nível mundial. Aqui 3 milhões de pessoas vivem em cortiços, 1,5 milhões em favelas e 60% das construções da cidade são feitas pelo sistema de autoconstrução.

A nosso ver, no centro da crise urbana, está o poder conferido pela propriedade privada da terra que cria as atuais normas de acesso à cidade, tanto no que se refere à moradia, como às condições de vida, expressas na contradição entre a riqueza e a pobreza; uma cidade que se produz em função de necessidades e objetivos que fogem àqueles do conjunto da sociedade – particularmente da classe trabalhadora

A necessidade de se pensar o processo de produção do espaço numa perspectiva de mudança envolve a análise das desigualdades sociais que colocam em xeque as formas de apropriação, expressas no parcelamento do solo urbano e, consequentemente, nas formas de uso. Evidencia-se a impossibilidade do sistema capitalista em atender às necessidades de uma parcela cada vez maior da população; tal fato propicia o questionamento por parte da sociedade dos processos que produzem contraditoriamente riqueza e pobreza.

Pensar numa cidade humana, num novo urbano significa a superação da atual ordem econômica, social, jurídica, política e ideológica, a partir da participação de toda a sociedade brasileira, através da ampliação dos espaços de representação, do fortalecimento dos sindicatos e dos partidos autênticos. As conquistas democráticas colocam-se como fundamentalmente prioritárias para o avanço em direção à construção de uma nova sociedade.

O direito à cidade, para Lefebvre, "manifesta-se como forma superior dos direitos: direito à liberdade, à individualização na socialização, ao *habitat* e à habitação. O direito à obra (a atividade participante) e o direito à apropriação (bem distinto da propriedade) se imbricam dentro do direito à cidade". Nesse sentido, acabar-se-ia com a separação cotidianidade-lazer, vida cotidiana-festa em que a cidade se encontraria enquanto espaço do trabalho produtivo, da obra e do lazer. A cidade seria a obra perpétua dos seus habitantes, o que contraria a ideia de receptáculo passivo da produção e das políticas de planejamento.

A nosso ver a construção de um quadro teórico enquanto produção explicitamente reproduzida da realidade estudada, enquanto movimento do pensamento, da análise a partir da reflexão dos dados do real, das experiências vividas, coloca-se hoje como fundamental para a geografia contra a apologia do empirismo, do fato em si, que ainda representa parte do pensamento geográfico.

O trabalho intelectual, preocupado com a explicação/interpretação do mundo não produz sua transformação, mas é um passo importante na desmistificação das representações que permeiam a vida cotidiana e abrem perspectivas reais e concretas para se pensar nos caminhos de transformação da realidade.

Todo conhecimento tem como ponto de partida a realidade, portanto o conhecimento ocorre enquanto reprodução intelectual da realidade, e nos permite entender a vida cotidiana em suas múltiplas atividades, em suas formas, e em sua dinâmica. "Para compreender o que se descobre, basta não se deixar cegar" escreve H. Lefebvre. É assim que se deve pensar a cidade e o urbano; nessa perspectiva o homem aparece enquanto sujeito preferencial da ação.

Hoje o homem está no centro da discussão do espaço, na posição de sujeito. O espaço é humano porque o homem o produz e não, simplesmente, porque nele habita. A sociedade produz o espaço a partir da contradição entre um processo de produção socializado e sua apropriação privada. Portanto, o espaço se reproduz, reproduzindo conflitos.

O processo de produção do espaço fundamentado nas relações de trabalho entre os homens e a natureza primeira e segunda implica o entendimento de vários relacionamentos: sociais, políticos, ideológicos, jurídicos, culturais. Envolve um modo de produzir, pensar, sentir – logo, um modo de vida.

1
A PAISAGEM URBANA

A paisagem urbana aparece como um "instantâneo", registro de um momento determinado, datado no calendário. Enquanto manifestação formal, tende a revelar uma dimensão necessária da produção espacial: aquela do aparente, do imediatamente perceptível, representação, dimensão do real que cabe intuir.

Fechemos os olhos e deixemos nossa imaginação andar pela cidade. O que vemos? Inicialmente o perceptível é o concretamente visível: prédios, casas, ruas. Bairros que se sucedem de forma diferenciada, pois são desiguais entre si. Na grande metrópole podemos falar da favela, dos bairros de classe média, dos bairros arborizados de onde se vislumbram grandes muros rodeando mansões. Mas também podemos recordar que existe o boteco da esquina, a padaria, o supermercado, a vendinha, o clube, alguns prédios industriais de vários tamanhos e estilos, bancos, etc.

Podemos também perceber que essas construções não são iguais do ponto de vista arquitetônico, datam de tempos diferentes. Há bairros mais novos e mais velhos. Há prédios de pastilha, outros envidraçados. A dimensão de vários tempos está impregnada na paisagem da cidade. Por outro lado, não podemos deixar de pensar ainda, com os olhos fechados, que existe todo um movimento próprio à paisagem, um "vai e vem" de carros e pessoas (apressadas ou não). É o ritmo da vida. O modo de expressão da vida na cidade. Ruídos diversos.

Há diferenças arquitetônicas, de usos, de cores, de tempos, de intensidade e de movimentos. Desigualdades. Contradições. Será que podemos dizer que existem várias cidades dentro da cidade?

Enquanto forma de manifestação do urbano, a paisagem urbana tende a revelar uma dimensão necessária da produção espacial, o que implica ir além da aparência; essa perspectiva da análise já introduziria os elementos da discussão do urbano entendido enquanto processo e não apenas enquanto forma. A paisagem de hoje guarda momentos diversos do processo de produção espacial, os quais fornecem elementos para uma discussão de sua evolução da produção espacial, e do modo pelo qual foi produzida.

A paisagem urbana é a expressão da "ordem" e do "caos", manifestação formal do processo de produção do espaço urbano, colocando-se no nível do aparente e do imediato. O aspecto fenomênico coloca-se como elemento visível, como a dimensão do real que cabe intuir, enquanto representação de relações sociais reais que a sociedade cria em cada momento do seu processo de desenvolvimento. Consequentemente, essa forma apresentar-se-á como histórica, especificamente determinada, logo concreta.

Todavia, é no nível das formas que ocorrem a mistificação e a coisificação, na medida em que as relações sociais tendem a aparecer como relações entre coisas. A forma exerce, por isso mesmo, um papel ao mesmo tempo de ocultação e de revelação. A relação entre ocultação e revelação dá-se através das articulações das categorias do real. O mundo fenomênico – das formas, das representações do dia a dia – é onde as coisas aparecem de maneira independente, onde ocorrem as manipulações, pois além de a essência não se revelar imediatamente, pode se manifestar em algo que é o seu contrário.

Aqui podemos lembrar alguns autores que diante das diferenças expressas na paisagem afirmaram tratar-se de várias cidades dentro de uma mesma cidade, separando-a em setores homogêneos sem articulação entre si. Na realidade, cabe pensarmos as diferenças expressas na paisagem enquanto manifestações das contradições que estão no cerne do processo de produção do espaço. A cidade diferencia-se por bairros, alguns em extremo processo de mudança; mas cada bairro isoladamente, impede o entendimento da cidade em sua multiplicidade, em sua unidade.

O que se questiona aqui é de que maneira, *através* e *a partir da* paisagem urbana, pode ser percebido o movimento inerente

As linhas limpas do desenho indicam uma arquitetura sólida. Por trás da aparência estática, esconde-se o dinamismo das relações sociais.

ao processo de (re)produção espacial e seu conteúdo, isto é, como podemos entender a natureza da cidade.

A vida cotidiana, com suas múltiplas atividades, cria as formas, a dinâmica do fenômeno e o seu conteúdo. O que se pode apreender de um instantâneo da cidade? Uma fotografia estática, um momento específico de uma história que teve um princípio, mas que está longe de ter um fim? O trabalho materializado e acumulado de toda uma série de gerações que dia após dia incorpora, modifica, transforma, pela sua ação, porções cada vez mais significativas do espaço urbano? O mundo complexo de uma rede imbricada de relações que se estabelece entre os seres humanos vivendo em sociedade?

A REPRODUÇÃO DA HISTÓRIA

A paisagem não só é produto da história como também reproduz a história, a concepção que o homem tem e teve do morar, do habitar, do trabalhar, do comer e do beber, enfim, do viver. Como determinar as diferenciações que existem a partir de cada elemento da relação entre os membros da sociedade? Como articular o "novo" e o "velho", o "rico" e o "pobre", o "singular" e o "universal"?

A paisagem geográfica é a forma exterior, a aparência "caótica", sob a qual se descortina a essência articulada e objetivado espaço geográfico. Mas por que caótica? Porque o nível da aparência, do que se vê, é nível do não explicado, não entendido. Esta paisagem, este "instantâneo" que surge, à primeira vista, aos olhos do pesquisador, não é estático mas prenhe de movimento, de vida, de uma vida rica de relações que o homem (o indivíduo) mantém dia após dia para se reproduzir enquanto ser humano, membro de uma sociedade e enquanto espécie.

Sob esta aparência estática se esconde e revela todo o dinamismo do processo de existência da paisagem, produto de uma relação fundamentada em contradições, em que o ritmo das mudanças é dado pelo ritmo do desenvolvimento das relações sociais.

Essa paisagem é humana, histórica e social; existe e se justifica pelo trabalho do homem, ou melhor, da sociedade. É produzida e justificada pelo trabalho enquanto atividade transformadora do homem social, fruto de um determinado momento do desenvolvimento das forças produtivas, e aparece aos nossos olhos, por exemplo, através do tipo de atividade, do tipo de construção, da extensão e largura das ruas, estilo e arquitetura, densidade de ocupação, tipo de veículos, cores, usos, etc.

A sociedade produz seu próprio mundo de relações a partir de uma base material, um modo que se vai desenvolvendo e criando à medida que se aprofundam as relações da sociedade com a natureza. Esta, aos poucos, deixa de ser natural, primitiva e desconhecida para se transformar em algo humano. A paisagem ganha novas cores e matizes, novos elementos e é reproduzida de acordo com as necessidades humanas.

Esse intenso e incansável processo de produção e reprodução humanos se materializa concretamente no espaço geográfico, e é apreendido na paisagem através de uma série de elementos: construções, vias de comunicação, cheios e vazios, etc. Portanto, percebidos e apreendidos em sua manifestação formal: a paisagem.

O MOVIMENTO "ESCONDIDO"

As construções poderiam ser tomadas como os elementos estáticos da paisagem. Se observarmos seu tipo, grau de conservação, arquitetura, perceberemos o movimento "escondido" na forma. Dependendo da hora do dia, ou do dia da semana, a observação de um determinado lugar vai mostrar um determinado momento do cotidiano da vida das pessoas que aí moram, trabalham e se locomovem. É o tempo da vida. Nas horas de pico, quando as pessoas saem de suas casas em direção aos pontos de ônibus para irem trabalhar, as ruas da cidade fervilham, os ônibus trafegam em maior número, os carros congestionam as vias públicas, e os caminhões entregam mercadorias, às vezes produzidas a grandes distâncias dos lugares de entrega. Um pouco mais tarde é o horário dos estudantes que fazem o percurso casa-escola

No horário do almoço os bares, lanchonetes, pensões e restaurantes, carrinhos de sanduíches, atendem aquela parcela da população trabalhadora que não se utiliza da marmita. Nesse horário, o movimento na porta das grandes fábricas também é grande. Nas áreas periféricas da cidade, os operários se sentam na porta das fábricas para tomar um pouco de sol, conversar com seus companheiros, jogar bola ou simplesmente esperar a hora do retorno ao trabalho. Repõem com esse pequeno intervalo parte da energia despendida na manhã de trabalho, de um trabalho nem sempre fácil, nem sempre leve, na maioria das vezes massacrante, alienante e embrutecedor. Permanecem aí por pouco tempo; o horário de almoço é exíguo e logo precisam voltar.

No final da tarde, esses trabalhadores, olhos sem brilho, rostos extenuados de uma jornada estafante de trabalho, tomam as ruas em busca do transporte que os levará para casa. Na melhor das hipóteses uma hora de traslado em ônibus lotados, sujos, atrasados e caros (para o salário que recebem).

Nos fins de semana, o movimento é diferente e a natureza da locomoção é, geralmente, outra. A fisionomia das pessoas também: sorriso nos lábios, "roupas de domingo" e a sensação de "poder respirar um pouco" sem a sirene das fábricas, o relógio de ponto ou o olhar vigilante do "chefe" ou do gerente. Mas estariam eles tão longe de qualquer tipo de vigilância? Estariam realmente livres para escolher o que fazer em suas horas livres? Seriam essas horas suficientes? Hoje o lazer é mediado pela mercadoria, que faz com que o cidadão, longe de se apropriar socialmente da cidade, através das brincadeiras, dos jogos, do ócio, se veja obrigado ao consumo da diversão (os campos de futebol de várzea quase desapareceram; no rio Tietê não há mais regatas; no parque Ibirapuera barracas oferecem vários produtos, vendendo até o "futuro" das pessoas na "feira mística").

ELEMENTOS DA PAISAGEM

Da observação da paisagem urbana depreendem-se dois elementos fundamentais: o primeiro diz respeito ao "espaço construído", imobilizado nas construções; o segundo diz respeito ao movimento da vida

O primeiro aspecto que chama atenção quando se observa a paisagem urbana é o choque dos contrastes, das diferenças. Contrastes de tipo e diversidade de utilização da cidade: usos do solo.

Tais diferenciações baseiam-se no fato de que a cidade é antes de mais nada uma concentração de pessoas exercendo, em função da divisão social do trabalho, uma série de atividades concorrentes ou complementares, desencadeando uma disputa de usos.

Por outro lado, a produção do espaço urbano fundamenta-se num processo desigual; logo, o espaço deverá, necessariamente, refletir essa contradição.

No caso do uso produtivo do espaço, este será determinado pelas características do processo de reprodução do capital; é o caso da localização da indústria apoiada pelas atividades financeiras, comerciais, de serviços e de comunicação. No caso oposto, o espaço da reprodução da força de trabalho se manifesta no uso residencial, incluindo o lazer e a infraestrutura necessárias:

escolas, creches, hospitais, pronto-socorros, transportes e serviços em geral, que são os meios de consumo coletivo.

Entretanto, o modo de utilização será determinado pelo valor que, em seu movimento, redefine constantemente a dinâmica do acesso ao solo urbano. Tal dinâmica conduz, de um lado, à redistribuição do uso de áreas já ocupadas, levando a um deslocamento de atividades e/ou dos habitantes; e, de outro, à incorporação de novas áreas que importam em novas formas de valorização do espaço urbano. No caso das grandes cidades, por exemplo, ocorre geralmente a deterioração do centro e/ou das áreas centrais que passam a ser ocupados por casas de diversão noturna, pensões, hotéis de segunda classe, zonas de prostituição. Isso faz com que os chamados "bairros ricos", localizados perto das áreas centrais, sofram uma mudança de clientela; os antigos moradores "fogem" para áreas privilegiadas mais afastadas, surgindo os bairros-jardins, as chácaras, os condomínios "fechados". É a moradia como sinônimo de *status*.

A população mais pobre também procura as áreas mais distantes, mas por outros motivos: os terrenos são mais baratos, falta infraestrutura e existe a possibilidade de autoconstrução.

O segundo aspecto é a concentração. A cidade aparece como uma concentração de construções estáticas e diferenciadas, de gente em movimento, apressada; de meios de circulação, de placas indicativas e/ou propagandas, de ruas asfaltadas, etc. Em suma, é um *locus* dinâmico de atividades, exercidas por pessoas, de acordo com suas necessidades sociais, vinculadas diretamente ao processo de reprodução do capital. Esse capital tende a concentrar-se em determinados pontos do território nacional, a partir de uma rede de circulação que agiliza a realização do seu ciclo, tendo, na metrópole, sua expressão máxima.

O uso do solo não se dará sem conflitos, na medida em que são contraditórios os interesses do capital e da sociedade como um todo. Enquanto o primeiro tem por objetivo sua reprodução através do processo de valorização, a sociedade anseia por condições melhores de reprodução da vida em sua dimensão plena.

Aglomeração

Assim, a cidade apresenta-se como um fenômeno concentrado e contraditório, fundamentado numa complexa divisão espacial do trabalho; uma aglomeração que tem em vista o processo de produção norteado pelo trabalho assalariado, pela socialização do trabalho, pela concentração dos meios de produção e pela apropriação privada.

Essa aglomeração busca diminuir a distância-tempo do local de produção ao de consumo da mercadoria e com isso aumentar as distâncias entre as pessoas. A concentração de gente exercendo atividades diferenciadas cria um espaço que repousa, em última análise, nas relações contraditórias entre o capital e o trabalho. Essas relações estão fundamentadas na apropriação que se expressa juridicamente na propriedade privada do solo que se manifesta nos usos diferenciados.

São os diversos modos de apropriação do espaço que vão pressupor as diferenciações de uso do solo e a competição que será criada pelos usos, e no interior do mesmo uso. Como os interesses e as necessidades dos indivíduos são contraditórios, a ocupação do espaço não se fará sem contradições e portanto sem luta.

Por todos os lados vê-se a disparidade, a desigualdade entre o "rico" e o "pobre" e entre este e o "miserável absoluto" que mora embaixo das pontes ou nos bancos das praças. A disparidade expressa-se nas construções, na existência e/ou qualidade da infraestrutura, na roupa e nos rostos (na rudeza ou suavidade de traços). "Cidades arruinadas pelo progresso e mutiladas pela civilização atual", como escreveu Lorca em *Impressões e Paisagens*.

A paisagem geográfica revela, assim, os antagonismos e as contradições inerentes ao processo de produção do espaço num determinado momento histórico. E a inter-relação entre os fatores físicos e os sociais será a expressão material da unidade contraditória de relações entre a sociedade e a natureza, seja esta primeira ou já transformada.

A paisagem urbana metropolitana refletirá assim a segregação espacial fruto de uma distribuição de renda estabelecida no processo de produção. Tal segregação aparece no acesso a determinados serviços, à infraestrutura, enfim aos meios de consumo coletivo. O choque é maior quando se observa as áreas da cidade destinadas à moradia. É aqui que a paisagem urbana mostra as maiores diferenciações, evidenciando as contradições de classe. O homem necessita de um espaço para viver, mesmo que este seja debaixo de alguma ponte. Ele necessita de um lugar

A grande metrópole paulista produz-se, reproduz-se de modo incessante; os guindastes "aparecem" como sinal do progresso.

para comer, dormir, descansar, enfim, um lugar usado para reposição de energia, da reprodução da força de trabalho e da espécie.

A paisagem é uma forma histórica específica que se explica através da sociedade que a produz, num produto da história das relações materiais dos homens que a cada momento adquire uma nova dimensão; a específica de um determinado estágio do processo de trabalho vinculado à reprodução do capital (e que explica, por exemplo as mudanças sofridas na cidade).

A observação da paisagem expressa o fato de que o espaço se produz desigualmente. Desigualdades estas que podem ser apreendidas pela diferenciação:

a) nas *cores*: que vão da predominância do verde nos bairros arborizados onde reside a população de alto poder aquisitivo, ao vermelho das ruas sem asfalto, misturada à cor do tijolo das casas inacabadas feitas sob o sistema de autoconstrução, passando pelo cinza do concreto. Em muitos edifícios modernos a cidade se reflete na imensidão dos vidros fumês.

b) no arranjo dos bairros que possuem traçado de ruas diferenciadas, seja pelo relevo, seja pelo tipo de ocupação.

c) pelo tipo de movimentação das pessoas, marcado pelo ritmo febricitante da vida urbana.

São modos de vida diversos em função de tempos e lugares diferentes e específicos. São formas construídas diferentes entre si. São cores que destoam. São indivíduos que diferem na aparência, na roupa, nos gestos, nos olhares.

Como explicar as diferenças da paisagem urbana sem analisar as contradições inerentes ao processo de produção da cidade?

2
O USO DO SOLO URBANO

A cidade enquanto construção humana, produto social, trabalho materializado, apresenta-se enquanto formas de ocupações. O modo de ocupação de determinado lugar da cidade se dá a partir da necessidade de realização de determinada ação, seja de produzir, consumir, habitar ou viver.
 O uso do solo ligado a momentos particulares do processo de produção das relações capitalistas é o modo de ocupação de determinado lugar da cidade. O ser humano necessita, para viver, ocupar um determinado lugar no espaço. Só que o ato em si, não é meramente ocupar uma parcela do espaço; tal ato envolve o de produzir o lugar.
 Essa necessidade advém do fato de se ter que suprir as condições materiais de existência do ser humano, da produção dos meios de vida. Isso varia de acordo com o desenvolvimento das forças produtivas, que trazem implícita a (re)produção do espaço. Ao produzirem os seus meios de existência, os homens produzem indiretamente a sua própria vida material. Entretanto, convém salientar que a produção da vida material do indivíduo inclui relações para além da pura reprodução física; constitui um modo de vida determinado.
 Nesse sentido, a história tem uma dimensão espacial que emerge no cotidiano das pessoas através do modo de vida urbano.

FORMA DE OCUPAÇÃO

A produção espacial realiza-se no cotidiano das pessoas e aparece como forma de ocupação e/ou utilização de determinado lugar num momento específico. Do ponto de vista do produtor de mercadorias, a cidade materializa-se enquanto condição geral da produção (distribuição, circulação e troca) e nesse sentido é o *locus* da produção (onde se produz a mais-valia) e da circulação (onde esta é realizada). Assim entendida, a cidade é também o mercado (de matérias-primas, mercadorias e de força de trabalho); as atividades de apoio à produção (escritórios, agências bancárias, depósitos, etc.). Todavia, como o processo é concentrado, a cidade deverá expressar essa concentração.

Do ponto de vista do morador, enquanto consumidor, a cidade é meio de consumo coletivo (bens e serviços) para a reprodução da vida dos homens. É o *locus* da habitação e tudo o que o habitar implica na sociedade atual: escolas, assistência médica, transporte, água, luz, esgoto, telefone, atividades culturais e lazer, ócio, compras, etc.

O modo como essas atividades se materializarão na cidade dependerá de uma série de fatores. No caso do lugar dedicado à atividade produtiva, a diminuição dos custos de produção será a coordenada principal a ser seguida; no caso da atividade comercial, o acesso ao mercado; no caso da circulação, as vias rápidas que tendem a eliminar o processo de desvalorização do capital, diminuindo cada vez mais o tempo de percurso; no que se refere aos serviços, determinados tipos tenderão a localizar-se em áreas próximas aos centros de negócios, outros nas radiais, outros ainda em zonas específicas. Finalmente, o uso residencial será determinado pelo papel que cada indivíduo ocupará (direta ou indiretamente) no processo de produção geral da sociedade e, consequentemente, o seu lugar na distribuição da riqueza gerada.

Assim, a diferenciação dos usos será a manifestação espacial da divisão técnica e social do trabalho, num determinado momento histórico. A forma com que se apresenta é decorrente do grau de desenvolvimento das forças produtivas materiais da sociedade, das condições em que se dá a produção e do desenvolvimento do processo de humanização do homem.

O uso do solo urbano será disputado pelos vários segmentos da sociedade de forma diferenciada, gerando conflitos entre indivíduos e usos. Esses conflitos serão orientados pelo mercado, mediador fundamental das relações que se estabelecem na sociedade capitalista, produzindo um conjunto limitado de escolhas e condições de vida. Portanto, a localização de uma atividade só poderá ser entendida no contexto do espaço urbano como um todo, na articulação da situação relativa dos lugares. Tal articulação expressar-se-á na desigualdade e heterogeneidade da paisagem urbana

O uso do solo tem sido analisado a partir da classificação fundamentada nos setores de atividades (industrial e comercial) e no residencial. A classificação que será utilizada nesse trabalho tem como ponto de partida as relações sociais de produção, no que se refere ao processo de produção e realização do valor (a totalidade do processo de produção) e no que se refere à reprodução da sociedade. Por outro lado, faz-se necessário repensar o uso do solo vinculado à teoria do valor, na medida em que se paga um tributo para se fazer uso de uma determinada parcela do espaço; seja enquanto moradia, local de produção, de prestação de serviço, ponto de venda, etc.

O VALOR

Para ter-se acesso a um pedaço de terra é necessário pagar por ele (através da venda ou do aluguel) pelo fato de que, na sociedade atual, o uso é produto das formas de apropriação (que tem na propriedade privada sua instância jurídica). O preço é expressão de seu valor. O valor de uso é o sustentáculo conceitual do tratamento geográfico dos problemas de uso do solo. Todavia, a teoria do uso do solo urbano deve ser analisada a partir da teoria do valor, fundamentada na unidade entre valor de uso e valor de troca.

A nosso ver, a discussão do valor do espaço nos remete à ideia do espaço-mercadoria, e à forma através da qual o espaço apropriado aparecerá como propriedade de alguém. Trabalhar com a forma de propriedade territorial significa estudar o caráter geral das relações espaciais de produção e o monopólio de certas pessoas que está pressuposto na propriedade e que dá a elas o direito·de dispor de determinadas parcelas do espaço geográfico como esferas privadas, excluindo os demais membros da sociedade e determinando como tal parcela será utilizada e qual a classe social que irá desfrutá-la. Isto se expressará na segregação espacial fruto da diferenciação de classe, de seu poder econômico, político e social. No entanto, mesmo onde a separação dos grupos sociais não aparece como uma evidência gritante, podemos perceber os traços da segregação.

O uso da cidade remete-nos à análise das relações sociais de produção. O mercado será o elo, os seus mecanismos determinarão a garantia de acesso à propriedade privada, pela possibilidade de pagamento do preço da terra.

Os fatores que determinarão a formação do preço vinculam-se principalmente à inserção de determinada parcela no espaço urbano global, tendo como ponto de partida a localização do terreno (por exemplo, no bairro), o acesso aos lugares ditos privilegiados (escolas, shopping, centros de saúde, de serviços, lazer, áreas verdes, etc.), à infraestrutura (água, luz, esgoto, asfalto, telefone, vias de circulação, transporte), à privacidade; e, secundariamente, os fatores vinculados ao relevo que se refletem nas possibilidades e custos da construção. Finalmente, um fator importante: o processo de valorização espacial.

A evolução dos preços, todavia, inter-relaciona-se com as condições de reprodução do espaço urbano, decorrentes da produção das condições gerais da reprodução do sistema e dos custos gerados pela aglomeração, pelo grau de crescimento demográfico, pela utilização do solo, pelas políticas de zoneamento ou de reserva territorial e pelas modificações do poder aquisitivo dos habitantes.

AS LOCALIZAÇÕES

Assim, as classes de maior renda habitam as melhores áreas, seja as mais centrais ou, no caso das grandes cidades, quando nestas áreas centrais afloram os aspectos negativos como poluição, barulho, congestionamento, lugares mais distantes do centro. Buscam um novo modo de vida em terrenos mais amplos, arborizados, silenciosos, e com maiores possibilidades de lazer. À parcela de menor poder aquisitivo da sociedade restam as áreas centrais, deterioradas e abandonadas pelas primeiras, ou ainda a periferia, logicamente não a arborizada, mas aquela em que os terrenos são mais baratos, devido à ausência de infra-estrutura, à distância das "zonas privilegiadas" da cidade, onde há possibilidades da autoconstrução – da casa realizada em mutirão. Para aqueles que não têm nem essa possibilidade, o que sobra é a favela, em cujos terrenos, em sua maioria, não vigoram direitos de propriedade.

Ao exército industrial de reserva que não consegue sequer viver de bicos e se apega ao comércio nos semáforos, e às esmolas, sobram os bancos públicos, as marquises ou o abrigo das pontes e viadutos, como pode ser observado em São Paulo. Em suma, é o processo de reprodução do capital que vai indicar os modos de ocupação do espaço pela sociedade, baseados nos mecanismos de apropriação privada, em que o uso do solo é produto da condição geral do processo de produção da humanidade, que impõe uma determinada configuração ao espaço urbano. Tal configuração decorre de dois modos de uso do solo: a) vinculado ao processo de produção e reprodução do capital e b) vinculado à reprodução da sociedade, tanto da força de trabalho (enquanto exército industrial ativo, ou exército industrial de reserva), quanto da população em geral (consumidores). Tal diferenciação emergiu da construção da noção de espaço-produto.

A nosso ver, não caberia separar o uso da produção de um lado e o processo de valorização do outro, na medida em que o processo de trabalho é, em si, no capitalismo, um processo de valorização. Por outro lado, o ponto de apoio para a discussão da (re)produção do espaço urbano, repousa no ciclo do capital que se fundamenta na unidade entre os processos de produção (criação do valor) e circulação (realização do valor).

O espaço urbano analisado enquanto concentração que possibilita a produção e circulação do capital, portanto, sua reprodução, não exclui sua consideração enquanto produto da produção social, e com isso implica determinado "modo de vida" para a sociedade urbana. Enquanto uso do solo para processo de reprodução do capital, o espaço aparece como capital fixo; enquanto uso para reprodução da vida, é meio de consumo coletivo.

3
A VALORIZAÇÃO DO ESPAÇO URBANO

Vimos que a cidade é, antes de mais nada, trabalho objetivado, materializado, que aparece através da relação entre o "construído" (casas, ruas, avenidas, estradas, edificações, praças) e o "não construído" (o natural) de um lado, e do movimento de outro, no que se refere ao deslocamento de homens e mercadorias. A paisagem traz as marcas de momentos históricos diferentes produzidos pela articulação entre o novo e o velho. O acesso à cidade é mediado por mecanismos de mercado assentados na propriedade privada da terra.

O debate em torno do processo da valorização do solo urbano e da consideração do espaço enquanto mercadoria tem se baseado na discussão da renda da terra, discussão realizada por Ricardo e Marx. Abstraindo-se o fato de que o solo urbano tem uma natureza diferente da terra, muitos autores simplesmente adaptaram para a cidade a ideia da renda da terra produzida no campo. A questão é se existiria uma renda da terra urbana. Para responder é fundamental partir da compreensão do espaço urbano.

O processo de valorização do/no espaço urbano nos remete a uma discussão – já realizada aqui – sobre o conceito de espaço. Vimos que o espaço é produto, condição e meio do processo de produção da sociedade em todos os seus aspectos. O espaço é entendido em função do processo de trabalho que o produz e reproduz a partir da relação do homem com a natureza. Assim, o espaço se cria a partir da natureza que é totalmente transformada no curso de gerações. Da natureza brindada ao homem, a terra se transforma em produto na medida em que o trabalho a transforma substancialmente em algo diferente. O homem muda o ciclo da natureza, desvia rios, derruba montanhas, faz o mar recuar nessa intervenção, realiza uma construção humana com outros ritmos, tempos, leis. É evidente, todavia, que, apesar da realização humana, o espaço urbano guarda a dimensão da natureza, embora permita ser analisado enquanto produto histórico e social. O espaço urbano aparece como movimento historicamente determinado num processo social. O modo de produção do espaço contém um modo de apropriação, que hoje está associado à propriedade privada da terra.

DILEMA

As considerações sobre a terra urbana, do ponto de vista do processo de produção da cidade, colocam-nos diante de um dilema, ou melhor, de uma contradição que não parece ser, apenas, aparente.

a) De um lado, parece evidente (e até óbvio) que a terra não é produto do trabalho; logo, não tem valor. Para José de Souza Martins, nem a terra tem valor, no sentido de que não é materialização do trabalho humano, "nem pode ter a sua apropriação legitimada por um processo igual ao da produção capitalista (...) Quando alguém trabalha na terra não é para produzir a terra, mas o fruto da terra. O fruto da terra pode ser produto do trabalho, mas a própria terra não".

Marx desenvolve claramente a ideia de que o valor é determinado pelo trabalho, mas não exclui o fato de a terra ser mercadoria, como consequência do desenvolvimento de regime de produção capitalista.

b) Por outro lado, o espaço geográfico, como produto do trabalho geral da sociedade, aparece, através da cidade, enquanto trabalho materializado.

O desenvolvimento dessa ideia, do ponto de vista geográfico, indica-nos que "parcelas" do espaço, apropriadas individualmente (em função de propriedade privada da terra) têm valor. A compra e venda da terra urbana mediada pelo mercado, quer em função de sua utilidade (enquanto meio de vida) ou da perspectiva da valorização do capital (enquanto condição da produção material) ou pela perspectiva da comercialização da terra, ocorre exatamente pelo fato de a terra urbana – enquanto parcela do espaço –, ter valor (de uso e de troca).

No urbano, a terra deixa de ser um instrumento de produção imediata, um bem da natureza, como no campo. E mesmo a questão de ser a terra um bem finito, que não pode ser criado pelo trabalho, no contexto urbano, ganha um novo sentido. A reprodução do espaço urbano não ocorre apenas através da incorporação de novas áreas, mas também a partir do adensamento e da verticalização.

É evidente, conforme já vimos anteriormente, que a natureza é ponto de partida (a matéria-prima brindada ao homem), do processo de produção espacial. A relação homem-natureza mediada pelo processo de trabalho produz um espaço que adquire, ao longo da história, uma dimensão social, do produzido socialmente, de um determinado modo, para suprir necessidades específicas, visando objetivos concretos. É o processo histórico que torna a natureza de meio de produção, em produto do trabalho, do mesmo modo que a história produz o homem.

O espaço geográfico, produzido pelo processo de trabalho, não é exterior à sociedade, mas um produto dela. O espaço geográfico nasce do processo de construção material da sociedade, no processo de trabalho, ao contrário da terra, que não é produto do trabalho (a terra "em si", terra-matéria, será entendida como instrumento de produção). Enquanto parcela do espaço urbano, a terra transcenderia a condição de sítio da fábrica, e lugar de moradia no sentido estrito, embora, eventualmente, pudesse comportar esse raciocínio. A fábrica ou moradia obedecem a uma ordem não apenas próxima, isto é, circunscrita a sua particularidade, referente àquela do lugar mas a uma ordem distante, que recoloca essa particularidade em sua relação com a totalidade do espaço, no construído. Isto é, refere-se à articulação do lugar com a sociedade. Neste sentido, a fábrica e a moradia dizem respeito a uma determinada localização – que articula o lugar à cidade e este à região.

A fábrica aqui, o depósito ali, a rede de transportes acolá, a infraestrutura, as moradias, ruas, praças, **playgrounds**, parques, estacionamentos, etc., dão uma outra dimensão à matéria-prima original, transformando-a substancialmente e mudando seu conteúdo. O lugar é construído como condição para a produção e para a vida, e ao serem construídas, essas condições produzem um espaço hierarquizado, diferenciado, dividido, contraditório, que se consubstancia como um dado modo de vida, como formas de relacionamento, como ritmos do cotidiano, como ideologia, religião e como um modo de luta.

E a realização desse espaço enquanto condição gera um produto, que será condição de um novo processo, um novo momento, sua reprodução. Nesse sentido, a terra-matéria não pode ser reproduzida, mas o espaço o é constantemente, mudando de significado à medida que o processo histórico avança.

Nesse sentido, o "solo urbano" passa a ser definido em função das articulações com a totalidade do espaço; e seu processo de apropriação (através da terra-matéria) marcará o fato de que o que realmente está sendo apropriado é o trabalho geral da sociedade contido na totalidade do espaço geográfico: apropriar-se de um lugar construído na cidade.

Partindo dessas ideias, o solo urbano enquanto mercadoria tem um valor que se expressa através da localização, papel e grau de inter-relação com o espaço global produzido, mesmo que seja potencial, dentro de condições específicas.

No conjunto da cidade, a parcela específica do espaço tem seu valor determinado pelo fato de que o urbano se produz enquanto condição geral do trabalho da sociedade, portanto trabalho social geral materializado, um processo espacial que, por um lado, realiza-se a partir do processo de produção de mais-valia e de sua viabilização, e de outro como produto deste processo.

INTEGRAÇÃO

O desenvolvimento do processo de reprodução do urbano englobando terras até então ociosas ou rurais dá-se através de um processo de integração que tende a aumentar a demanda por terra. Nesse sentido, o acesso à terra é feito de forma cada vez mais segregada. Ora utilizadas enquanto meio de produção, ora incorporada ao universo dos bens necessários à manutenção da vida (da moradia, áreas de lazer, etc.). Por outro lado, seu monopólio, separado das condições de meio de produção ou moradia, e a partir do desenvolvimento delas, passa a ser fonte de renda na medida em que entra no circuito econômico como realização (econômica) do processo de valorização que a propriedade privada confere ao proprietário.

Assim, a propriedade privada de parcelas do espaço aparece como título jurídico que sacramenta o processo da apropriação que está na base do sistema capitalista de produção – tanto da produção material quanto da produção da vida.

O modo pelo qual o indivíduo terá acesso à terra na cidade enquanto condição de moradia, vai depender do modo pelo qual a sociedade estiver hierarquizada em classes sociais e do conflito entre parcelas da população. Assim, o tipo, local, tamanho e forma de moradia vão depender e expressar o modo como cada indivíduo se insere dentro do processo de produção material geral da sociedade.

Portanto, a divisão do trabalho dentro de cada cidade não vai implicar apenas a separação entre trabalhos (industrial, comercial, agrícola), e consequentemente, o aprofundamento das contradições entre cidade e campo. Ela também ocorre no interior de cada um dos usos possíveis: na hierarquização e especialização de parcelas espaciais, de cidades que formam as redes urbanas. O uso é uma forma espacial de manifestação das contradições entre capital e trabalho, da subordinação que começa na fábrica e se estende à casa, ao cotidiano do trabalhador, como também poderá ser uma forma de subversão dessa ordem (posta em xeque pelos movimentos sociais).

O processo de formação do preço da terra, enquanto manifestação do valor das parcelas, leva em conta, desde processos cíclicos da conjuntura nacional (que incluem a forma de manifestação de processos econômicos mundiais) até aspectos políticos e sociais específicos de determinado lugar. Todos esses fatores vinculam-se ao processo do desenvolvimento urbano, que ao realizar-se, redefine a divisão espacial e, com isso, o valor das parcelas. O valor será determinado em função do conjunto ao qual pertencem, e na inter-relação entre o todo e a parte ocorre o processo de valorização real ou potencial de cada parcela do espaço (o preço de cada terreno da cidade é determinado pela sua localização na cidade).

No cerne da questão está a ideia de localização, determinada pela produção espacial geral (no caso a produção da cidade) e, portanto, varia no tempo à medida que se desenvolvem as forças produtivas, subordinadas às necessidades, exigências, objetivos e valores de determinada sociedade. Isto é, é levado em consideração *como* a cidade vai se produzindo ao longo do tempo e *como* a mancha urbana evolui e engloba terras rurais, ocupando claros adensando-se e verticalizando-se.

Hoje, por exemplo, o verde, a proximidade da natureza (que o processo capitalista dissocia do homem), a falta de áreas para as crianças brincarem, a criação de serviços como escolas de natação, idiomas, balé, judô, ginástica, os shoppings, etc., redefinindo as necessidades, tendem a influir na opção pela moradia, de uma classe de renda média e alta. Estas têm (pelo seu poder aquisitivo) maiores possibilidades de escolha. Essa produção espacial é diferenciada e contraditória, conferindo valores de uso e, consequentemente, formas de acesso diferenciado, logo segregados. Tal segregação impõe-se inclusive pelo fato de o espaço geográfico implicar a produção de relações específicas e originais, fundamentadas em relações jurídicas – propriedade privada – provenientes do processo de apropriação e concretizadas no circuito mercantil (no mercado).

Deve ser visto com ressalvas a ideia de que os terrenos mais bem situados em relação às vias de comunicação, sistema de transporte, infraestrutura têm maior valor, declinando à medida que nos distanciamos do centro em direção à periferia. Esta é comumente entendida como área densamente populosa, carente em relação a todo tipo de infraestrutura e com preços mais baixos.

No caso específico da região metropolitana, a mancha urbana que tem seu nó na capital, apresenta na periferia dois fenômenos. Se, por um lado, encontramos áreas residenciais de uma classe de baixo poder aquisitivo, encontramos também o contrário. Na periferia da mancha urbana metropolitana de São Paulo ocorrem os dois fenômenos simultaneamente, decorrentes do crescimento da metrópole paulista, e da concentração do capital.

Um tipo de moradia é aquele destinado às classes de renda média e alta que fogem da metrópole em busca da natureza e do ar puro, longe dos inconvenientes que o "progresso" trouxe. É o caso da Granja Viana (a oeste). Outro tipo de moradia encontra-se nos loteamentos destinados à população de baixo poder aquisitivo que se refugia na periferia onde os preços são menores.

Em síntese, podemos dizer que, como partimos do pressuposto de que a cidade é uma construção humana (social e histórica) e não um bem ofertado ao homem, o solo urbano tem uma natureza diversa da terra rural onde aparece como meio de produção. O solo urbano tem valor enquanto produto do trabalho humano; ao contrário da terra rural que gerará uma renda. Esse valor do solo urbano é produto da articulação da localização do "terreno urbano" na totalidade da cidade.

4
CIDADE: UMA PERSPECTIVA HISTÓRICA

Queremos aqui insistir num ponto que achamos fundamental. Na literatura urbana da década de 60 e na quase totalidade dos livros didáticos de hoje, a origem da cidade vincula-se à existência de uma ou mais funções urbanas. Nessa perspectiva, a origem de uma cidade pode ser: **industrial** caso do ABCD paulista (conjunto formado pelos municípios de Santo André, São Bernardo, São Caetano e Diadema); **cultural** e aqui temos, segundo alguns autores, a subdivisão entre a) religiosas (caso de Jerusalém, Meca, Aparecida do Norte); b) cidades universitárias como Oxford ou Cambridge; c) cidades-museus como Versalhes (França) e Veneza (na Itália); ou ainda as cidades cujas origens ligam-se às atividades **comerciais, administrativas ou políticas**, as capitais de estados ou país, ou as que têm origem em estações de águas, lugar de veraneio ou sanatórios.

Nem tampouco a cidade surge da "vila" a partir do aumento da população, da extensão do sítio ou do aumento de sua densidade. Existem condições históricas específicas que explicam o surgimento da cidade e suas diferenciações espaciais.

Esposamos a tese segundo a qual a cidade tem uma origem histórica: nasce num determinado momento da história da

---

* Este capítulo está baseado no item 3, "Breve esboço histórico" da dissertação de mestrado "Reflexões sobre o espaço geográfico" de Ana Fani Alessandri Carlos, 1979.

humanidade e se constitui ao longo do processo histórico, assumindo formas e conteúdos diversos.

A diferenciação de enfoque quanto à origem da cidade baseia-se numa concepção teórico-metodológica que nos permite pensar o espaço geográfico enquanto produto das relações entre a sociedade e a natureza (primeira, no estágio inicial). Não podemos dizer que o espaço geográfico existe com o surgimento do homem no planeta; ao contrário, o espaço geográfico só se constitui enquanto produto humano, logo social, na medida em que o homem tem condições de, através de seu processo de trabalho, transformar a natureza e produzir algo diverso dela.

Essa dimensão histórica é fundamental para a compreensão da natureza da cidade. Ela é essencialmente algo *não definitivo*; não pode ser analisada como um fenômeno pronto e acabado, pois as formas que a cidade assume ganham dinamismo ao longo do processo histórico. A cidade tem uma história.

A cidade é uma realização humana, uma criação que vai se constituindo ao longo do processo histórico e que ganha materialização concreta, diferenciada, em função de determinações históricas específicas. Hoje muitos autores afirmam que o mundo se torna urbano devido ao rápido crescimento das cidades modernas e à transformação de vastas áreas em aglomerados urbanos, um mundo que se torna em muitos aspectos práticos (no dizer de Mumford), uma cidade. A cidade, em cada uma das diferentes etapas do processo histórico, assume formas, características e funções distintas. Ela seria assim, em cada época, o produto da divisão, do tipo e dos objetos de trabalho, bem como do poder nela centralizado. Por outro lado, é necessário considerar que a cidade só pode ser pensada na sua articulação com a sociedade global, levando-se em conta a organização política, e a estrutura do poder da sociedade, a natureza e repartição das atividades econômicas, as classes sociais.

Pode-se dizer, a princípio, que a cidade nasce da necessidade de se organizar um dado espaço no sentido de integrá-lo e aumentar sua independência visando determinado fim. Isto é, a sobrevivência do grupo no lugar, e o rompimento do isolamento das áreas agora sob sua influência.

Na Idade Média, por exemplo, as propriedades feudais quase que absolutamente autossuficientes, começaram a se integrar na medida em que começam a ganhar importância as feiras comerciais, embriões das futuras cidades comerciais. A quebra do isolamento é consequência do novo arranjo espacial das relações comerciais e de interdependência que ela fomenta, bem como o surgimento de uma nova divisão do trabalho.

Para o estabelecimento desse sistema de relações e para sua manutenção é indispensável, no entanto, uma rede de comunicação. No século VII, por exemplo, a invasão sarracena ao fechar o Mediterrâneo para o comércio entre Ocidente e Oriente, provoca a morte de várias cidades cuja vida comercial deixava de existir. A própria constatação de que a cidade, através da história, assumiu papéis diferentes induz à reflexão sobre o porquê das diferenças entre as cidades antigas, medievais e modernas. Seria uma simples questão de tamanho populacional e de multiplicidade funcional? Para se tentar esclarecer algumas dessas dúvidas convém refletir mais detidamente sobre a história da cidade.

A ORIGEM DA CIDADE

A história da paisagem urbana mostra os sinais do tempo que nela impregna suas profundas marcas. O mundo é produto do homem, da sociedade e portanto o espaço produzido em cada momento será concretamente diferenciado. Podemos entender o mundo sensível como produto do homem, resultado da atividade de várias gerações, cada uma ultrapassando a precedente e aperfeiçoando sua indústria, seu comércio, e com isso criando infinitamente novas formas.

Esse mundo é sempre produto da articulação da atividade viva dos indivíduos que o compõem e do espaço que produzem. Ao contrário do que afirma De La Blache, o espaço não é o "palco da atividade humana" onde as coisas acontecem independente do homem, mas o produto humano, social e histórico.

Mesmo na fase nômade, anterior à existência das cidades, seria falso considerar-se o espaço como simples palco da atividade humana, pois a variação gradativa das relações homem-meio, tornaram possível ao homem o paulatino desenvolvimento de técnicas rudimentares visando não só transitar pela terra, mas aproveitá-la tirando seu sustento e posteriormente nela permanecendo.

No momento em que o homem deixa de ser nômade, fixando-se no solo como agricultor, é dado o primeiro passo para a formação das cidades. Quando o homem começa a dominar um elenco de técnicas menos rudimentares que lhe permitem extrair algum excedente agrícola, é um segundo impulso para o surgimento das cidades, visto que ele pode agora dedicar-se a outra função que não a de plantar.

Passa a existir uma divisão do trabalho fora da produção – essencialmente agrícola. As primeiras cidades vão surgir exatamente nos locais onde a agricultura já apresentava certo estágio de desenvolvimento, ou seja, na Ásia, e só muito mais tarde, na Europa. A divisão do trabalho, além de implicar uma divisão da sociedade em classes, vai determinar uma separação espacial entre as atividades dos homens, logo entre cidade e campo. O espaço passa a assumir as características de cada grupo de atividades: a urbana pontual e a agrícola dispersa.

Para Braudel, as cidades nascem da mais antiga e da mais revolucionária das divisões do trabalho: campo de um lado, atividades urbanas de outro. A oposição entre cidade e campo começa com a passagem da barbárie à civilização, do regime de tribo ao Estado, da localização pontual e dispersa à nação.

Segundo Sjoberg (*Urbanização da Humanidade*), além do aprimoramento técnico, foi necessário, para o aparecimento das cidades, um tipo especial de organização social que possibilitasse a colheita, armazenagem e distribuição do excedente agrícola, decorrentes do avanço tecnológico. Essa mesma estrutura pode também organizar a mão de obra necessária à produção em larga escala. Uma organização desse tipo requer uma variedade de especialistas dirigidos por uma elite governante.

De acordo com Darcy Ribeiro (*O Processo Civilizatório*), o desenvolvimento da revolução agrícola permitiu a algumas sociedades o acúmulo de inovações tecnológicas que ao alcançar o nível de uma nova revolução imprimiram nessa sociedade um movimento de aceleração evolutiva que acabou por configurá-la como uma nova formação sociocultural. Seus motores foram a acumulação de inovações técnicas que ampliaram, progressivamente, a eficácia produtiva do trabalho humano, provocando alterações institucionais nos modos de produção e nas formas de distribuição dos produtos do trabalho. As inovações tecnológicas mais importantes dessa fase são as descobertas de técnicas ainda incipientes de irrigação e de adubagem do solo que implicam fartas colheitas, e a generalização do uso do arado e dos veículos de roda (ambos de tração animal), bem como dos barcos à vela (para a navegação costeira). Acrescenta-se que a existência da cidade pressupõe uma participação diferenciada dos homens no processo de produção, ou seja, uma sociedade de classes. A origem da cidade se confundiria com o princípio de

uma hierarquização social, a qual, no entanto, a precede historicamente. Assim podemos vincular a existência da cidade a pelo menos seis elementos:
   a) divisão do trabalho;
   b) divisão da sociedade em classes;
   c) acumulação tecnológica;
   d) produção do excedente agrícola decorrente da evolução tecnológica;
   e) um sistema de comunicação;
   f) uma certa concentração espacial das atividades não agrícolas.

A ÉPOCA HISTÓRICA DA FORMAÇÃO DAS CIDADES

Com o fim do quarto período glaciário, ocorrido entre 12000 e 10000 a.c., as zonas quentes do Oriente Próximo, berço da civilização, passaram por um período de seca. Essa modificação climática afugentou a caça, obrigando o homem a procurar outras fontes de alimento.
Por volta de 9000 a.c. o caçador transforma-se em pastor. As peregrinações das tribos nômades não eram determinadas pelos hábitos dos animais de caça, mas pelos locais de bons pastos. O homem torna-se mais sedentário, abandona a barraca trocando-a por casas de barro, rochas e ramos, situadas predominantemente em regiões ribeirinhas com água abundante, pastos perenes e pesca fácil.
Por volta de 8000 a.C. o homem aprofunda suas relações com o meio circundante aproveitando a terra para o plantio, iniciando um rudimentar princípio de organização. Aproximadamente no ano 6000 a.c., inovações técnicas, tais como o arado de relha, aliadas ao deslocamento para os vales fluviais (inicialmente Tigre, Eufrates, Nilo, Indo e mais tarde o rio Hucango na China), cuja inundação deixava – em extensas áreas alagadas um lodo bastante fértil, dão à agricultura um notável impulso. As inovações tecnológicas prosseguem e no ano 5000 a.c. já se podia notar a presença de diques, canais e vales de irrigação.
Segundo Schneider (*De Babilônia a Brasília*), ao fixar-se num pedaço de terra o agricultor cria uma propriedade, surge a tribo sedentária, a qual deve manter-se ainda mais unida para defender-se dos nômades e camponeses sem-terra Do acampamento de barracos surge a aldeia onde muitos homens vivem

num pequeno espaço, aproveitando a fertilidade da região. Esse aldeamento consiste em um primeiro passo para o surgimento da cidade antiga, não muito longe dos campos lavrados. Foi em torno de 5000 a.c. que surgem, junto ao Eufrates e em outros pontos da Ásia Menor, as primeiras povoações às quais pode-se dar o nome de cidade. Dentre essas as mais antigas foram provavelmente: Kisch, Ur e Uruk. As duas últimas desapareceram com a mudança do leito do rio Eufrates.

Para que se tenha um panorama mais preciso do período de criação de algumas das principais cidades antigas, é interessante observar-se o quadro abaixo:

AS CIDADES MAIS ANTIGAS

Cidade	País antigo	País atual	Época de origem
Jericó	Canaã	Jordânia	5000 a.C.
Ur	Babilônia	Iraque	V Milênio
Uruk	Babilônia	Iraque	V Milênio
Susa	Elam	Pérsia	4000 a.C.
Hierakompolis	Egito	Egito	4000 a.C.
Kich	Babilônia	Iraque	Início do IV Milênio
Nipur	Babilônia	Iraque	″
Eridu	Babilônia	Iraque	″
Lagasch	Babilônia	Iraque	IV Milênio
Anau	Rússia		3500 a.C.
Troia		Turquia	3500 a.C.
Mohenjo-Daro		Paquistão	3000 a.C.
Mênfis	Egito	Egito	2850 a.C.
Roma		Itália	2700 a.C.
Assur	Assíria	Iraque	2500 a.C.
Anyang		China	2000 a.C.

Fonte: Schneider, W.C. De Babilônia a Brasília. Rio de Janeiro, Nova Fronteira, s/d.

Ur, porto babilônico, situado na confluência dos rios Tigre e Eufrates, controlava todo o comércio marítimo da região, bem como o tráfego nos dois rios. Embarcações a remo, dali provenientes, desciam o rio até o porto de Eridu, prosseguindo depois para a Arábia e a Índia através do golfo Pérsico.

Mohenjo-Daro, situado na região do Baixo Indo, atual Paquistão, tinha na lavoura, na pecuária e principalmente no comércio e nos trabalhos manuais (artesanatos de alto nível) suas principais atividades. Ali eram fabricados utensílios domésticos, armas, adornos, vidros, etc., que alimentavam um intenso comércio com a Babilônia, da qual supõe-se tenha sido colônia.

A Babilônia, que era tida como uma cidade-estado, metrópole com grande área de influência que englobava outras áreas, já era, por volta do século IV a.C., o maior centro comercial ligando o Oriente e o Ocidente. Tinha no artesanato, de boa técnica, e na atividade bancária, dirigida pelos sacerdotes, suas principais atividades. A sociedade era dividida em três classes: sacerdotes, homens livres e escravos.

Na Antiguidade, podia-se encontrar um sem-número de cidades, basicamente comerciais, situadas ao longo dos rios e mais tarde às margens do Mediterrâneo, vinculando Oriente e Ocidente. Além das citadas, merecem ser lembradas Roma, fundada em 2700 a.c. Desde sua fundação, alastrou-se e desenvolveu-se, chegando a ocupar uma área territorial que cobria desde a Bretanha até o Eufrates. Roma mantinha grande relação de interdependência com todo o Império, ao qual vinculava-se tanto administrativamente – através de um governo comum – quanto economicamente – aproveitando uma vasta rede de estradas, e desenvolvendo um comércio intenso e variado. A figura usada por Moses Hadas nos dá uma ideia das relações mantidas pela cidade. Segundo ele podia-se encontrar nas lojas romanas desde o esturjão do Mar Negro até plumas de avestruz africanas. Era a mais cosmopolita das metrópoles, tornando as cidades da Gália na Síria e do norte da África autênticas miniaturas.

Roma estendia sua influência até o norte da África utilizando suas terras férteis como verdadeiro celeiro do Império. Nas cidades que dominava militarmente escravizava seus habitantes obrigando-os ao cumprimento de atividades militares. As primeiras cidades da Antiguidade situavam-se em torno dos 30° de latitude Norte. Nos últimos séculos desta época o centro de gravidade já se havia deslocado para 40°, as cidades mais antigas ficavam terra adentro devido à pirataria. À medida que a navegação marítima foi se tornando mais segura, as cidades foram sendo construídas nas costas marítimas cercadas de muralhas, localização esta fundamental para o desenvolvimento de atividade comercial, sustentáculo fundamental da vida urbana.

Todavia, o bloqueio do mar Mediterrâneo, provocado pela invasão sarracena no século VII, inviabilizou o comércio e, consequentemente, as cidades entraram em rigoroso declínio que se estendeu até o século XI. Nesse período, a Europa Ocidental regride ao estado de região exclusivamente agrícola, onde a terra passava a ser a única fonte de subsistência e condição de riqueza. Somente algumas cidades romanas sobreviveram, talvez devido a sua função diocesária, perdendo, no entanto, sua força econômica.

Feudalismo

No feudalismo, como consequência de um modo de produção diverso do anterior, surge uma nova estrutura de classes sociais, onde a terra passa a ser sinônimo de riqueza. A população passa a viver direta ou indiretamente da produção agrícola. A propriedade da terra fica dividida entre a nobreza, a Igreja e algumas outras ordens religiosas. Em situação contrária se encontravam os lavradores. Classe constituída pelos não proprietários de terras, vinculam-se a elas como serviços, não podendo deixá-las por sua livre vontade. Cultivam uma certa porção de terra que lhes é atribuída pela nobreza em troca de trabalho e ficam obrigados a entregar ao proprietário, a título de renda, uma parte de sua produção.

Enquanto que na Antiguidade o comércio impulsionava o crescimento das cidades e produzia um determinado espaço, no feudalismo, dentro do feudo produzia-se e consumia-se os próprios produtos, numa economia autossuficiente, sem mercados externos e sem ligações. Tudo que se precisava, quer na alimentação, no vestuário ou no mobiliário era produzido no feudo, não havendo excedentes, capazes de permitir a troca e com isso as relações entre populações e lugares.

A cidade, desaparecida em função do fechamento do comércio mediterrâneo, começa a renascer a partir do século XI. Ela se instala primeiramente em torno dos burgos centrais povoados por mercadores, aos quais se juntam artífices e servos. Os mercadores são agrupados nas guildas, que juntamente com o mosteiro e a Igreja constituem os elementos formadores da cidade medieval.

A cidade nasce no momento em que a economia autossuficiente do feudo do início da Idade Média transforma-se em uma economia monetária, com um comércio em expansão. Como a vida de relações é fundamental para a existência da cidade, as primeiras vão ressurgir onde o comércio tem expansão mais rápida: na Itália e Holanda.

Começam a surgir cidades nos cruzamentos de estradas e nas embocaduras dos rios, locais de maior facilidade de circulação. As cidades têm, também, necessidade de proteção, o que as obriga igualmente à busca de zonas fortificadas. Essa fase inicial caracteriza-se mais pela proliferação do que pelo aumento do tamanho das cidades. Não eram, pois, nem muito grandes, nem dominavam grandes áreas, visto que o comércio não havia, à época, atingido um nível de desenvolvimento tal que possibilitasse uma vida intensa de relações entre espaços. Os artesões, por exemplo, fabricavam e vendiam suas mercadorias, e as instituições eram fechadas.

Cruzadas

A partir do século XI, com o surgimento das cruzadas, o comércio amplia seu alcance diversificando seus produtos, visando atender uma população que começa a crescer a taxas mais acentuadas. As cruzadas eram, na verdade, guerras que tinham por fim a pilhagem e a incorporação de territórios, mas surgiam envoltas por uma auréola religiosa de combate aos muçulmanos. Do ponto de vista comercial, as cidades da Itália (Veneza, Gênova e Pisa) que estavam estrategicamente situadas nas rotas do Mediterrâneo, encaravam as cruzadas como oportunidades comerciais que abriam espaços maiores para suas vidas de relações.

Segundo Huberman, as cruzadas ajudavam a despertar a Europa do sonho medieval, espalhando sacerdotes, guerreiros, trabalhadores, e uma crescente classe de comerciantes por todo o continente. Intensificavam a procura de mercadorias estrangeiras e com isso arrebatavam a rota do Mediterrâneo das mãos dos muçulmanos, convertendo-a outra vez na maior rota comercial entre o Oriente e o Ocidente.

A mudança na forma espacial da agricultura autossuficiente feudal para as cidades, deveu-se em particular à reativação do comércio como fonte de riqueza. Com a introdução da economia monetária surge uma nova divisão do trabalho que acompanha o crescimento das cidades. A indústria que antes era caseira, ganha agora maior especialização. A produção do excedente, a possibilidade da troca e o uso do dinheiro dão aos artesões oportunidade de abandonar a agricultura e viver de seu próprio ofício. Mas a diminuição da população agrícola ocorre em função de uma série de inovações agrícolas tais como o afolhamento e a terra de pousio trienal; a introdução de aveia nessa rotação, o que sugere o uso de cavalos no lugar do trabalho bovino; a introdução do arado pesado. Assim, a agricultura propicia também um novo impulso ao crescimento demográfico e à especialização do trabalho.

Comércio

Existe nitidamente, com o desenvolvimento do comércio, e consequentemente das cidades e das populações urbanas, uma mudança de valores. A terra passa a dividir com o comércio o papel de fonte de riquezas. O comércio começa a se impor e a organizar um espaço compatível com seus valores e modo de vida.

Em suma, a cidade é incompatível com uma economia de subsistência, tal como a feudal, caracterizada pela ausência de especialização, pela incipiente divisão do trabalho, pela quase que absoluta inexistência de excedentes e da circulação de produtos e pelo seu caráter não monetarizado. A cidade, ao contrário, é sempre uma organização dinâmica, de alto poder concentracional, que cria, no entanto, a cada momento, uma produção espacial que lhe seja peculiar. As cidades administrativas e episcopais do início da Idade Média são, por exemplo, caracterizadas por ruelas tortuosas e arredores fortificados. As cidades que surgem depois, ao contrário, possuem ruas largas, planos retangulares permitindo o tráfego, e suas atividades ultrapassam as antigas muralhas feudais. O ressurgimento da cidade aparece como um elo responsável pela dissolução do modo de produção feudal e da transição deste para o capitalismo, na medida em que o destrói, ultrapassando-o ela mesma. Como já foi visto, a nova classe nascente, formada de comerciantes, instala-se especialmente em pontos estratégicos concentrados (rotas de comércio, entroncamentos), formando aglomerados que mais tarde dão origem às cidades, as quais são criadas por um novo modo de relações e por uma nova classe: a burguesia. A cidade não surge, portanto, de uma simples mudança da população do campo, ela envolve um processo mais profundo.

A cidade vai ganhando expressão à medida que nela vai se desenvolvendo a manufatura e para ela vai convergindo a grande massa de trabalhadores expulsos do campo. Essa massa de trabalhadores possui um duplo sentido. Para o modo de produção nascente vão fornecer mão de obra barata trabalhando nas manufaturas; ao tornarem-se assalariados, permitem a criação de um mercado interno.

Os diferentes métodos de acumulação primitiva começam a ganhar corpo em Portugal, Espanha, Holanda e Inglaterra, num conjunto sistemático, incluindo simultaneamente o regime colonial, o crédito público, as finanças modernas e o sistema protecionista. A luta por novos mercados levava as cidades mais poderosas a conquistar cidades mais fracas para suprimir um mercado rival. Ao mesmo tempo, havia um início da centralização da autoridade com a criação de uma capital que passa a desempenhar um papel tanto social quanto político. Para Mumford, a consolidação do poder na capital política fez-se acompanhar por uma perda de poder e iniciativa dos centros menores: o prestígio nacional significava a morte da liberdade municipal local. O próprio território nacional passou a ser o elo de ligação entre grupos, corporações e cidades diversas. À medida que os grandes Estados do mundo moderno tomavam forma, as capitais continuavam a monopolizar a população. No século XVIII, entre as cidades de mais de 200 mil habitantes incluíam-se: Moscou, Viena, São Petersburgo, Palermo.

Ao contrário da Idade Média, as populações acham-se agora concentradas espacialmente, tal como o próprio poder, seja ele político ou econômico. O Estado centralizador passa a monopolizar não somente a produção como também a circulação tornando-se, no sistema colonial, um grande aliado para a conquista de novos espaços. A produção espacial é assim mais abrangente e integrada. A descoberta de novas terras, bem como sua colonização consistem, a partir de então, numa exigência da acumulação.

Indústria

O desenvolvimento da indústria, as grandes descobertas científicas e o consequente avanço tecnológico criam especialização espacial e uma divisão do trabalho muito amplas. Surge a internacionalização da divisão do trabalho entre países. A cidade, como ponto de concentração da indústria e de grande massa populacional atrai não só o poder econômico como o político, passando a comandar espaços maiores, de acordo com o seu poder. A hierarquização de espaços dá-se agora entre metrópole e colônia, com uma amplitude muito maior do que a observada na Antiguidade. A grande indústria com seus fluxos cria a história mundial, na medida em que faz depender do mundo inteiro cada nação civilizada, transformando as relações dos homens com a natureza e com os outros homens através das relações monetárias e da criação de um novo modo de vida, além do que reproduz a grande metrópole como resultado de uma prodigiosa acumulação de poder e riqueza.

5
REPENSANDO A NOÇÃO DE CIDADE

A cidade, enquanto realização humana, é um fazer-se intenso, ininterrupto. No Brasil, este "fazer-se" aniquila o que já está produzido a fim de criar mais e, infinitamente, formas novas. Isso nos leva a associar a ideia da cidade com as imagens do inacabado. Em última análise, pode-se dizer que as metamorfoses da cidade produzem as imagens de ruínas e devastações modernas. Por isso, muitos falam da cidade associando-a à ideia de caos. Trata-se, no entanto, de analisar a cidade, "por dentro", isto é, refletir sobre sua natureza. Deve-se aqui lembrar que a cidade tem a dimensão do humano refletindo e reproduzindo-se através do movimento da vida, de um modo de vida, de um tempo específico, que tem na base o processo de constituição do humano. Durante muito tempo, a cidade foi analisada pela geografia apenas através de seus aspectos exteriores, o que ainda ocorre. Muita tinta foi gasta descrevendo-se o sítio da cidade baseado em seu quadro topográfico onde o plano (ortogonal, radioconcêntrico ou desordenado) modelava a forma da cidade sobre a carta física. Ao sítio, os geógrafos relacionavam a posição da cidade.
    Para Sorre, o sítio recebe a cidade, mas é sua situação que a faz viver pois vive e se desenvolve através de sua posição geográfica em relação aos grandes conjuntos. Se voltarmos no tempo, podemos encontrar algumas definições de cidade que são importantes para avançarmos nossa reflexão.
    Para Ratzel uma cidade é uma reunião durável de homens e habitações humanas que cobre uma grande superfície e se

encontra no cruzamento de grandes vias comerciais. Já para Wagner, as cidades serão pontos de concentração do comércio humano. Para Brunhes, existe cidade toda vez que a maioria de seus habitantes emprega o seu tempo no interior da aglomeração. Em Bobeck a cidade se reconhece como uma aglomeração fechada de uma certa importância e onde se leva uma vida urbana. Von Richtofen define cidade como um agrupamento cujos meios de existência normais consistem na concentração de formas de trabalho que não são consagradas à cultura, mas ao comércio e à indústria. Em Sombart, cidade se define como uma aglomeração de homens dependendo dos produtos do trabalho exterior. Em Sorre, a cidade também aparece enquanto aglomeração de homens mais ou menos considerável, densa e permanente, altamente organizada, geralmente independente para sua alimentação do território sobre o qual se desenvolve e implicando, para sua existência, uma vida de relações ativas necessárias à manutenção de sua indústria, de seu comércio e demais funções. Finalmente, para Pierre George as cidades são formas de acumulação humana e de atividades concentradas, próprias a cada sistema econômico e social, reconhecidos a partir de fatos de massa e arquitetônico.

Para alguns dos autores citados, as definições de cidade vinculam-se ao seu caráter funcional. Para outros, a existência da cidade se liga a aspectos econômicos, políticos e sociais. Na obra de Pierre George, a cidade é analisada de forma mais abrangente, envolvendo uma perspectiva histórica: a cidade é, em cada época, o produto de uma organização das relações econômicas e sociais que não se limita a exercer sua influência sobre as únicas aglomerações urbanas. Para ele, as cidades fazem parte de um conjunto e as formas das relações entre elas e dos diversos setores do conjunto seriam particulares a cada tipo de estrutura econômica e social.

Estamos, aqui, tentando pensar a cidade dentro de uma totalidade a partir da qual ela é possível de ser apreendida. A cidade enquanto produto histórico e social tem relações com a sociedade em seu conjunto, com seus elementos constitutivos, e com sua história. Portanto, ela vai se transformando à medida que a sociedade como um todo se modifica.

A urbanização é um fenômeno mundial. A universalização das trocas aproxima países e aprofunda a divisão espacial e internacional do trabalho, dentro de uma relação de dependência entre territórios nacionais, dentro da formação econômica e social capitalista.

*Cena de um shopping:
a cidade se transforma em vitrine.*

    O desenvolvimento das forças produtivas gera mudanças constantes e com essas a modificação do espaço urbano. Essas mudanças são hoje cada vez mais rápidas e profundas, gerando novas formas de configuração espacial, novo ritmo de vida, novo relacionamento entre as pessoas, novos valores. O espaço tem cada vez mais a dimensão do mundial e as relações entre os homens dependem cada vez mais de decisões tomadas a milhares de quilômetros de seu local de residência. As comunicações se desenvolvem e com ela a frequência dos contatos. O fator *distância* é eliminado pelo desenvolvimento dos jatos, dos satélites e da informática. Esses fatos abrem novas perspectivas para se pensar hoje a cidade.

A CIDADE PODE SER DEFINIDA COMO AGLOMERAÇÃO?

    Vimos que a cidade aparece aos nossos olhos como uma aglomeração. É essencialmente o *locus* da produção, concentração dos meios de produção, do capital, da mão de obra, mas é também concentração de população e bens de consumo coletivo. Aglomeração e concentração são duas características constantemente vinculadas à ideia de cidade.

Exatamente por isso a cidade tem sido analisada como concentração de população, instrumento de produção, atividades de serviço, infraestrutura, reserva de mão de obra, trabalhadores e, sobretudo, mercadorias. No limite último: ruas, prédios, carros, gente, etc. Não raro ouvimos a expressão "caos urbano", uma fórmula evidentemente simplificadora para explicar a metrópole paulista.

Logo, a análise urbana vem frequentemente confundindo aparência-essência. Para evitar esse problema é necessário refletir sobre o significado dessa aglomeração.

Pensar a cidade significa refletir sobre o espaço urbano. A paisagem urbana é a forma pela qual o fenômeno urbano se manifesta, o espaço urbano pode ser apreendido (é o nível fenomênico). Em última análise, o espaço geográfico é uma relação social que se materializa formal e concretamente em algo passível de ser apreendido, entendido e apropriado. Desse modo a cidade é a dimensão concreta, vinculada à dinâmica do desenvolvimento.

Entender a cidade enquanto aglomeração significa definir a cidade enquanto *locus* da produção. Pensa-se na cidade do capital. Mas até que ponto essa variante explica a natureza da cidade?

A geografia vem trabalhando a noção de espaço enquanto produto do trabalho humano a partir da relação que o homem – enquanto ser social – mantém com a natureza.

Aqui nos propomos a analisar o espaço enquanto *condição, meio e produto* da reprodução da sociedade, o que nos leva necessariamente a discutir o papel do homem enquanto sujeito, percorrendo sua vida, valores, cultura, lutas, ansiedades e projetos, portanto o homem agindo. Logo pensar o urbano significa pensar a dimensão do humano.

Entender o espaço urbano do ponto de vista da reprodução da sociedade significa pensar o homem enquanto ser individual e social no seu cotidiano, no seu modo de vida, de agir e de pensar. Significa pensar o processo de produção do humano num contexto mais amplo, aquele da produção da história de como os homens produziram e produzem as condições materiais de sua existência e do modo como concebem as possibilidades de mudanças.

A história tem uma dimensão espacial que emerge no cotidiano das pessoas no modo de vida urbano, no relacionamento entre as pessoas, no corre-corre, no lazer, etc. O urbano enquanto produto de produção e reprodução histórico é ao mesmo tempo realidade presente e imediata e a sociedade urbana em seu devir. A sociedade urbana contém o virtual, isto é, o cotidiano está no centro do acontecer histórico: contém a vida cotidiana e a vida do indivíduo, o ser particular e o genérico. O homem participa e produz a vida em todos os seus aspectos, nela também coloca em funcionamento seus sentidos e sua capacidade intelectual.

PRODUTO DE LUTAS

Nesse contexto a discussão do urbano transcende à ideia de cidade enquanto aglomeração de capitais, supera a discussão da cidade e/ou espaço do capital. Esse encaminhamento permite pensar o espaço também como produto de lutas, fruto de relações sociais contraditórias, criadas e aprofundadas pelo desenvolvimento do capital. Assim, no embate entre o que é bom para o capital e o que é bom para a sociedade hoje, o urbano se produz, a cidade se estrutura e a paisagem ganha sua configuração.

O urbano produzido através das aspirações e necessidades de uma sociedade de classes fez dele um campo de luta onde os interesses e as batalhas se resolvem pelo jogo político das forças sociais. O urbano aparece como obra histórica que se produz continuamente a partir das contradições inerentes à sociedade.

Essas contradições são produzidas a partir do desenvolvimento desigual de relações sociais (de dominação-subordinação) que criam conflitos inevitáveis. Esses conflitos tendem a questionar o entendimento da cidade enquanto valor de troca e, consequentemente, as formas de parcelamento e mercantilização do solo urbano. Com isso, questiona-se o exercício da cidadania e o direito à cidade.

Daqui se depreende que não se pode separar a cidade do espaço urbano. Nessa perspectiva, a cidade é pensada enquanto trabalho social materializado, objetivado, que aparece na articulação do "construído e o não construído" de um lado, e do movimento (de mercadorias, pessoas, ideias) de outro. Esse processo é marcado pela inter-relação contraditória do novo com o velho, imposta pelo processo de reprodução.

Isso significa pensar a cidade enquanto fenômeno dinâmico em constante processo de constituição. Walter Benjamin (*Rua de Mão Única*), a propósito da cidade de Nápoles, na Itália, discute esse processo através da rica ideia de "porosidade". Para o autor, a discussão da cidade, de início associada aos aspectos físicos, ganha novo colorido quando associada à ideia de uma arquitetura porosa como uma rocha, onde as construções e as ações se entrelaçam umas nas outras em pátios, arcadas e escadas. "Em todos os lugares se preservam espaços capazes de se tornarem cenário de novas e inéditas constelações de eventos". Na realidade, a ideia de porosidade afirma que a cidade é essencialmente algo *não definido*, pronto e acabado. Pelo contrário, as formas ganham dinamismo através da vida das pessoas onde "evita-se cunhar o definitivo. Assim, nenhuma situação aparece como é, destinada para todo o sempre; nenhuma forma declara o seu, desta maneira, e não de outra".

Através da noção de arquitetura, ação e movimento se inter-relacionam. As formas ganham a dimensão do cotidiano que se reflete nos pontos de referência da cidades os quais, longe de serem atingidos por números, têm seus endereços vinculados à dimensão espacial do lugar com fontes, lojas e igrejas. E aqui há um aspecto relevante: as igrejas não se destacam como bloco construído "num espaço gigantesco com transeptos, coros e cúpulas", mas ficam escondidas, encaixadas qual uma porta singela entre construções profanas.

A porosidade em Benjamin também aparece na ação que é vista como "paixão pela improvisação", o que significa que os prédios podem ter usos diversos, guardando a dimensão da teatralidade espacial. A cidade se transforma no palco em que "toda a gente divide (os prédios) num sem-número de áreas de representação simultaneamente animadas. Balcões, átrios, janelas, portões, escadas, telhados são ao mesmo tempo palco e camarote". As ruas se transformam em cenas. "Mesmo a existência mais miserável é soberana no vago conhecimento duplo de atuar em conjunto, em toda a perversão, numa cena de rua napolitana, que nunca se repete; de, em sua pobreza, gozar o lazer de acompanhar o grande panorama."

Para Benjamin, em Nápoles, até a decoração das ruas tem um estreito parentesco com o teatro. A porosidade enquanto algo que se superpõe à rotina e ao repetitivo aparece enquanto lei inesgotável dessa vida a ser redescoberta, em que "um grão de domingo se esconde em todo dia da semana e quantos dias de semana nesse domingo!"

Percebe-se nesse conto sobre Nápoles que através da lei da porosidade está posta a simultaneidade de ações diversas. E fica claro que existem temporalidades diferenciadas e que a vida doméstica não foge à ideia da porosidade. Nada é definitivo, tudo se move, e "cada atitude e desempenho individual (privado) é inundado por correntes da vida comunitária". O indivíduo é parte da sociedade, ao mesmo tempo em que o sentido da vida se expressa na unidade casa/rua.

Lugar de Encontro

As relações com o lugar são determinadas no cotidiano, para além do convencional. O espaço é o lugar do encontro e o produto do próprio encontro; a cidade ganha teatralidade e não existe dissociada da gente que lhe dá conteúdo e determina sua natureza.

Hoje, quando se precisa a natureza da cidade, para além de suas formas, esse é um resgate necessário. Assim, é necessário se pensar a cidade a partir de dois pontos de vista indissociáveis e contraditórios. Trata-se, para o entendimento da natureza da cidade, de analisá-la a partir dos pontos de vista do cidadão de um lado e do capital do outro, enquanto unidade do diverso.

A CIDADE DO CAPITAL?

Vejamos a cidade enquanto espaço da reprodução do capital. Nessa perspectiva, a cidade é condição geral da produção, e este fato impõe uma determinada configuração ao urbano, aparecendo enquanto fenômeno concentrado, fundamentado numa complexa divisão espacial do trabalho, formando uma aglomeração que, no capitalismo, tem em vista o processo de acumulação. Um aglomerado que busca diminuir a distância (medida pelo tempo) entre processo de produção da mercadoria e seu processo de consumo. Nessa perspectiva, a cidade é o *locus* da concentração dos meios de produção e de pessoas ligadas à divisão técnica e social do trabalho, articuladas ao processo produtivo. Assim, a cidade é analisada enquanto concentração de instrumentos de produção, serviços, mercadorias, infraestruturas, trabalhadores e reserva de mão de obra.

A cidade aparece como a justaposição de unidades produtivas, através da articulação entre os capitais individuais e a circulação geral, integrando diversos processos produtivos, centros de intercâmbio e serviços, mercado de mão de obra, etc. Implica uma configuração espacial própria em função das necessidades de reprodução do capital, de modo a garantir a fluidez do ciclo de reprodução. A cidade se produz de modo a permitir a articulação entre processos de produção – distribuição – troca, consumo e a gestão.

Entender a cidade enquanto condição geral do processo de produção significa pensar a relação entre processo imediato de produção e unidades fabris de um lado e o processo do conjunto da produção da circulação de outro. Existe uma divisão técnica no seio das unidades produtivas (entre empresas, fábricas e oficinas), consequência direta dos trabalhos complementares desenvolvidos. É necessária a concentração de meios de produção num só lugar, pois a unidade produtiva, para funcionar, requer a articulação, no espaço, de determinada atividade. Isso visa a facilitar a realização do valor a partir da articulação e das necessidades do processo produtivo, através da correlação entre os capitais individuais e a circulação geral. Esta integra os diversos processos produtivos, os centros de intercâmbio, os serviços e o mercado de mão de obra.

Nessa perspectiva, o espaço urbano (re)produz-se como produto e condição geral do processo produtivo. Do ponto de vista do capitalista aparece como capital fixo. Sua estruturação dá-se de forma a permitir a circulação da mercadoria, da matéria-prima e da mão de obra, bem como a viabilização do processo produtivo.

As condições materiais de produção se materializam no plano da cidade, no traçado de suas ruas, no desenho das estradas, na convergência das vias de acesso, etc. A cidade tem no seu fluxo – tanto do ponto de vista quantitativo, quanto qualitativo – uma eventual limitação da produtividade do trabalho na escala da produção e na continuidade do processo de produção, distribuição e troca. Por outro lado, a reprodução das condições gerais tende a acarretar um desenvolvimento das forças produtivas, e a agilizar a circulação do capital através das melhorias dos meios de comunicação e dos transportes.

O espaço urbano, analisado a partir do processo de produção e da realização da mais-valia, do ponto de vista do capitalista entra no processo de reprodução do capital como meio de produção sob a forma de capital fixo. Nessa perspectiva a cidade é entendida como condição material para a produção e circulação.

Contudo, enquanto a cidade aparece como localização da indústria, local do trabalho social, aglomeração de mão de obra, mercadorias, materialização das condições de produção, o urbano será condição, meio e produto do processo de reprodução da sociedade, em todas as suas instâncias. Se, por um lado, a indústria representa o *locus* do processo produtivo por excelência, no nível do processo geral de reprodução este é apenas um elemento, na medida em que se produz uma unidade entre processo de produção e de circulação. Faz-se também necessário transcender o processo produtivo imediato do conjunto da fábrica (entrepostos, escritórios), que constitui o aparelho físico para englobar o conjunto jurídico e financeiro, além da rede de fluxos visíveis (mercadorias), invisíveis (capital, informação), e as decisões de gestão.

Esses elementos tornam-se cada vez mais decisivos, na medida em que se desenvolve a produção em escala e se impõe a diminuição do tempo gasto em cada fase do processo (o que diz respeito à ideia de continuidade, inerente ao processo cíclico do capital). O desenvolvimento da aglomeração, o aperfeiçoamento dos transportes e a articulação da rede de circulação, comunicação, e da informática tornam-se de fundamental importância.

A necessidade de uma produção em grande escala pressupõe a venda em grande escala, isto é, a venda ao comerciante e não ao consumidor diretamente. A atividade produtora necessita de um setor de distribuição da mercadoria e o comércio se desenvolve, cada vez mais, à medida que se desenvolve a produção capitalista. A atividade produtora pressupõe, consequentemente, a concentração espacial para que a indústria possa se beneficiar daquilo que comumente se chama "economia de aglomeração" – infraestrutura, mão de obra, localização de outras indústrias complementares, mercado diversificado, além do fato de a localização permitir a economia dos gastos de produção. A indústria aproveita-se, ao máximo, dessas vantagens enquanto socializa as desvantagens (poluição, trânsito, etc.).

Assim, a produção em grande escala, com grande número (absoluto) de empregados, pressupõe a concentração da população e do próprio capital em determinados pontos.

Espacialmente, o desenvolvimento do modo de produção capitalista implica a tendência não somente para a aglomeração populacional (força de trabalho, superpopulação relativa), como também de meios e unidades de produção, o que leva a uma profunda divisão espacial do trabalho imposta pelo mercado em expansão.

Assim, o urbano é fruto da dinâmica das forças produtivas plenamente desenvolvidas ali, e mais especificamente da grande aglomeração. O desenvolvimento da grande aglomeração se dá em detrimento de outras parcelas do espaço. Ele é acentuado pelo estágio do capitalismo monopolista. Através da criação de grandes unidades produtoras e da internacionalização crescente da produção, o capitalismo aprofunda a hierarquização e diferenciação espacial.

Isso tende a acelerar as desigualdades espaciais, uma vez que a produção espacial está voltada para a maior eficiência do sistema tendo em vista a produção e realização da mais-valia, além de ser também o lugar da gestão e da realização dos negócios.

O modo de produção capitalista produz um espaço como todo modo de produção. Mas aqui a produção só ocorrerá se permitir a valorização do capital. Na produção do espaço há algo mais, um lado estratégico e político de grande importância, pois não é uma produção qualquer. Acrescenta algo decisivo a essa produção, posto que é também reprodução das relações de produção.

A produção material manifesta o fato de que reproduzindo-se, a sociedade não reconstitui apenas suas condições materiais de existência, mas também suas relações sociais, com isso uma cidade diferente.

Concentração

Enquanto condição geral de produção, o espaço urbano, entendido do ponto de vista do capitalista como capital fixo, faz com que a cidade apareça como concentração, tanto de população (trabalhadores, dependentes, exército industrial de reserva), como de mercadorias, lugar da divisão técnica e social do trabalho; portanto, *locus* da produção. Aproxima matérias-primas do processo produtivo, trabalhadores da produção, indústria do comércio, consumidores do mercado e, nesse sentido, é também fluxo (de pessoas, mercadorias, informações, etc.).

Isso significa que a rede de comunicações aparece como elemento fundamental na realização do valor, na medida em que o processo de reprodução ampliado só pode ocorrer se a mercadoria chegar até o consumidor. Levando-se em conta a necessidade de viabilizar determinado número de rotações do ciclo do capital, o fator *tempo* é essencial e não uma condição exterior ao processo produtivo. A circulação do capital, a passagem fluida de uma fase a outra é condição de singular produção baseada no capital.

O espaço aparece para o capital, do ponto de vista da circulação, como a distância que separa a empresa do mercado. Isso poderá causar uma demora na realização do valor, e, consequentemente, do tempo de produção. Isto significa que o espaço engloba também a circulação e os meios de comunicação e transportes que representam capital fixo.

A formulação da problemática urbana, portanto, não se reduz à cidade, mas refere-se a toda a sociedade urbana, em última análise ao homem, suas lutas e direitos.

Até agora, atentamos para a cidade enquanto dimensão espacial "oposta" ao homem: uma obra humana que parece se sobrepor ao próprio homem. Por outro lado, essa mesma cotidianidade, massacrante e alienante, torna consciente a contradição entre a esperança concebida e o cotidiano vivido.

A CIDADE DO CIDADÃO?

Afirmamos que a produção espacial realiza-se de modo a viabilizar o processo de reprodução do capital e desse modo a cidade se apresentaria como a materialização das condições gerais do processo de produção em sua totalidade. Todavia, esse é apenas um dos lados da moeda; o outro refere-se ao trabalhador e ao consumidor de modo geral. É preciso considerar a necessidade de se morar, habitar e viver num determinado lugar.

O modo como a sociedade vive hoje é determinado pelo modo como o capital se reproduz, em seu estágio de desenvolvimento. Isso quer dizer, também, que o trabalhador não foge ao "controle" do capital, nem quando está longe do local de trabalho, pois o espaço da moradia tende a submeter-se às necessidades e perspectivas da acumulação do capital. O trabalhador também terá o acesso e as possibilidades de escolha para morar limitados. O modo de vida urbano, sob o capitalismo, impõe disciplina.

As contradições sociais emergem, na paisagem, em toda a sua plenitude; os contrastes e as desigualdades de renda afloram. O acesso a um pedaço de terra, o tamanho, o tipo e material de construção espelham nitidamente as diferenciações de classe. O acesso à habitação e aos meios de consumo coletivo serão diferenciados. Teremos aqui duas características básicas.

A primeira, diz respeito à segregação espacial, tanto das pessoas de maior rendimento, quanto das de menor poder aquisitivo. As de maior rendimento tendem a localizar-se em bairros arborizados, amplos, com completa infraestrutura, em zonas em que o preço da terra impede o acesso a "qualquer um". Há também os condomínios exclusivos e fechados, com grandes áreas de lazer e até shoppings, com grande aparato de segurança e amplos estacionamentos. Os de baixo rendimento têm como opção os conjuntos habitacionais, geralmente localizados em áreas distantes dos locais de trabalho. São os bairros operários com insuficiência ou mesmo ausência de infraestrutura; e as áreas periféricas onde abundam as autoconstruções, além das favelas que afloram no seio da mancha urbana.

A segunda característica refere-se à tendência de o espaço urbano (re)produzir e ampliar a distância (tanto em quilômetros quanto em tempo) entre o local de moradia e o local de trabalho. É uma resposta, de um lado, ao aumento populacional e à concentração na cidade, e de outro ao processo de valorização da terra que deixa vazias áreas imensas da cidade.

A compreensão do fenômeno urbano, no que se refere ao processo de produção, traz a questão do processo industrial. No capitalismo, a produção e o desenvolvimento do urbano vinculam-se à instalação e crescimento (direto ou indireto) da atividade industrial e das atividades que a indústria cria. Com o surgimento do fenômeno industrial, o urbano muda de conteúdo. Ao mesmo tempo é na cidade, devido ao seu grau de concentração espacial, que aflora mais claramente a contradição de classes, tão nítida na paisagem dos bairros. Essa contradição se manifesta pelo contraste entre a riqueza e a pobreza. É no urbano que se manifestam mais claramente as relações de produção capitalistas e onde a violência se faz maior. Como já vimos, a cidade é o campo privilegiado das lutas de classe. Se por um lado o espaço urbano é cada vez mais socializado (tanto no que se refere ao potencial de expansão, quanto no que se refere à sua produção), por outro lado a sua apropriação é privada (a diferença entre bairros expressa isso claramente).

O processo de reprodução espacial envolve uma sociedade hierarquizada, dividida em classes, produzindo de forma socializada para consumidores privados; a cidade aparece como um produto apropriado de forma diferenciada pelos indivíduos.

Entender o espaço urbano do ponto de vista da reprodução da sociedade significa pensar o homem enquanto ser individual e social no seu cotidiano, no seu modo de viver, agir e pensar. Significa entender o processo de produção do humano num contexto mais amplo: o da produção da história, de como os homens produziram e produzem as condições materiais de sua existência. Hoje, essas condições ocorrem aprofundando a contradição entre a opulência e a miséria, que reflete a distribuição da riqueza. As condições de vida da sociedade urbana estão vinculadas direta ou indiretamente a isso; é uma relação de poder que extrapola o *locus* de trabalho.

Dentro desse quadro a (re)produção do espaço é também o da reprodução da vida humana. O homem vive onde ele pode morar e isso será determinado por sua renda e pelos sacrifícios que pode fazer. Como ele pode morar e em que condições vive depende do acesso aos serviços coletivos produzidos.

O espaço não se (re)produz sem conflitos e as contradições inerentes a uma sociedade de classes. As práticas não se reduzem apenas à produção imediata, dentro da fábrica. É na vida cotidiana como um todo, que essas contradições se manifestam mais profundamente, nas diferenciações entre os modos de morar, o tempo de locomoção, o acesso à infraestrutura, ao lazer, à quantidade e tipos de produtos consumidos, etc. Quanto mais a sociedade se desenvolve, mais aprofunda as diferenças entre os indivíduos (fundamentalmente nos países subdesenvolvidos).

O espaço enquanto reprodução da vida coloca-nos diante de um quadro formado pela inter-relação do modo de vida com o processo de trabalho. A habitação como uma das necessidades básicas e fundamentais do homem dá-nos uma visão precisa sobre o modo de vida urbano, o local de morada é associado ao preço da terra. Este será determinado pelo jogo de mercado e apoiado nos valores criados e veiculados pela sociedade, num determinado momento histórico.

Na articulação desses fatores está a ausência da explicação de distribuição espacial dos habitantes na cidade, qual seja, a relação de classes expressa na contradição entre a produção e a apropriação da riqueza. Nesse sentido a cidade é expressão da materialização espacial das desigualdades sociais emergentes na sociedade atual.

Enquanto meio de consumo, a cidade é local de moradia, percurso (casa-trabalho, casa-escola, casa-compras, casa-lazer, etc.), trabalho, lazer, cultura. Mas é também poluição, congestionamento, desconforto. Seu consumo pode tanto dar-se através da troca (caso da habitação, transporte, infraestrutura, saúde, escola) como através do uso sem a mediação do mercado, caso, por exemplo de bens de consumo produzidos pelo Estado (escolas, pronto-socorros, etc.) ou onde a sociedade cria um uso possível (áreas de lazer, praças, etc.). A determinação social do espaço, enquanto meio de consumo para satisfazer necessidades humanas, assume uma forma de valor, de intercambialidade; ele é trabalho materializado ou em potencial. Isso implica necessariamente uma disputa que obedece às regras do jogo de mercado.

As formas assumidas pelo processo de produção do espaço urbano – em função da divisão social e territorial do trabalho – refletem, necessariamente, a contradição entre um processo de produção socializado e sua apropriação privada. Implicam a contradição entre os interesses e necessidades da reprodução do capital, de um lado, e do desenvolvimento da sociedade como um todo, de outro. Logo, o que está em jogo é o processo de produção da cidade e sua apropriação do espaço para determinado uso.

O espaço, entendido como base da vida e de toda atividade humana, seja ela produtiva ou não, tem, no capitalismo, seu processo de apropriação legitimado juridicamente pela propriedade privada. O acesso à terra confere ao proprietário o direito de dispor dela. Seu uso será determinado pelas necessidades de reprodução do capital, ainda que este apareça travestido, sob a forma de necessidades da sociedade em geral.

O uso do solo urbano dá-se, pois, mediante disputa determinada quer pela necessidade do uso – e mesmo expansão de certos tipos de uso –, como pela utilização da terra como reserva de valor. A disputa fundamentada nas contradições em que se dá o processo de reprodução espacial, implica profundas transformações no uso do solo.

O uso do solo urbano será disputado pelos vários segmentos da sociedade de forma diferenciada, gerando conflitos entre indivíduos e usos, pois o processo de representação espacial envolve uma sociedade hierarquizada, dividida em classes, produzindo de forma socializada para indivíduos privados. Desse modo, a cidade enquanto trabalho materializado social é apropriada de forma diferenciada pelo cidadão.

Assim, a diferenciação dos usos será a manifestação espacial da divisão técnica e social do trabalho, num determinado momento histórico. A forma em que se apresenta é decorrente do grau de desenvolvimento das forças produtivas materiais da sociedade, das condições em que se dá a produção e do desenvolvimento do processo de humanização do homem.

Não podemos negar que na cidade as relações entre homens são diferentes das da fábrica; aqui existe a esfera da cotidianidade que envolve, basicamente, relações de consumo. A relação de dominação entre os homens é suavizada, mas nem por isso desaparecem as diferenças, que aparecem não só no uso do solo, no acesso aos bens de consumo coletivo, mas na roupa, nos olhos, nos gestos, etc.

Por outro lado, a cidade não é simples condição objetiva de vida, ela supõe direção, gestão, atividades sociais, políticas, religiosas, etc. Em certo sentido, é também cultura; e por isso guarda a dimensão do humano. Todavia, ela se produz de forma vinculada à propriedade privada que se materializa na segregação espacial.

Em síntese, o entendimento da cidade só pode ser alcançado a partir da unidade de dois níveis de análise: aquele do capital e o da sociedade como um todo onde o indivíduo é antes de mais nada um cidadão com todos os direitos que o termo implica.

6
CIDADE COMO CAMPO DE LUTAS

"Vejo os homens se diferenciarem pelas classes sociais e sei que nada as justifica a não ser a violência", escreve Einstein.

Nós geógrafos vemos as diferenciações gritantes impostas à paisagem – tanto urbana quanto rural – pelo processo de produção espacial determinada pelas necessidades e objetivos da lógica da reprodução ampliada do capital. Tal lógica é imposta pela violência.

Ao longo do trabalho chamamos a atenção para o fato de que a vertente espacial nos coloca diante de várias dimensões da análise da realidade urbana. A partir das formas tentamos produzir um entendimento da cidade em seus vários aspectos. A produção espacial é expressão das contradições da sociedade que aparece na paisagem pela justaposição de riqueza e pobreza, beleza e fealdade. É uma segregação espacial decorrente do desenvolvimento desigual das relações capitalistas cuja natureza está no modo de exploração do trabalho pelo capital, fundado na apropriação pelo ter, isto é, pela condição de proprietários de bens.

O espaço traz a marca da sociedade que o produz no caso analisado, uma sociedade hierarquizada, dividida em classes. Um homem produz a história a partir de um processo contínuo onde cada geração tende a suplantar a anterior. É uma história que ao realizar-se dá novo significado à natureza e reproduz constantemente o humano.

O homem cria o mundo, faz a história, humaniza-se. Mas é um processo contraditório.

Na verdade, é facilmente constatável que o que há de mais característico no capitalismo é o seu processo de acumulação ocorrer às custas do trabalhador e da sociedade como um todo, principalmente nos países subdesenvolvidos.

Assim, o homem produz um mundo com o qual parece não se identificar. O espaço que ele produz, no processo de reprodução de sua vida, aparece como algo externo a ele. O espaço é produzido cada vez mais enquanto condição geral da produção e o Estado tem um papel fundamental para a reprodução do sistema e interfere produzindo infraestrutura e todo o aparato necessário à reprodução ininterrupta do processo de acumulação do capital.

Fora da fábrica, o mundo dos homens passa a ser o mundo das coisas, das mercadorias. A vida em si parece ter pouca importância para o capital e para o Estado. O homem civilizado torna-se uma máquina para o processo produtivo e é como máquina que ele precisa viver, apenas suprindo suas necessidades de sobrevivência enquanto força de trabalho abundante. A produção tanto de mercadorias, quanto do espaço lhe é alienada pois ambos os processos (indissociáveis) se fundamentam na apropriação privada.

As desigualdades não podem mais ser ignoradas, não se pode mais governar forjando uma unanimidade. O acirramento das contradições urbanas, fruto do crescimento rápido, no qual o Estado se coloca a serviço da reprodução ampliada do capital, é um fato incontestável. O espaço urbano se reproduz, gerando a segregação, fruto do privilégio conferido a uma parcela da sociedade brasileira.

Cabe ao geógrafo pensar a relação necessária entre sociedade e espaço na medida em que a produção da vida humana, no cotidiano das pessoas, não é só produção de bens para satisfação de necessidades materiais. É também e, sobretudo, a produção da humanidade do homem através de relações que são de produção, relações essas que são sociais, políticas, ideológicas, jurídicas, etc. A articulação dessas relações e do seu grau de desenvolvimento tende a individualizar-se espacialmente dando singularidade às parcelas do espaço.

Mas na medida em que o espaço é também produto das relações complexas de determinada sociedade, num dado momento histórico, sob a base de relações materiais de produção, o espaço geográfico se cria como produto histórico e social a partir da contradição entre uma produção socializada e uma apropriação privada. Nesse sentido o espaço é também a história de como os homens, ao produzirem sua existência, a produzem enquanto espaço de produção, de circulação, da troca, do consumo, da vida: como obra de uma história contraditória.

ESPAÇO DA LUTA

Dentro dessa perspectiva, queremos expor outra dimensão da análise espacial: *o espaço da luta*. E nesse sentido o espaço não é apenas produzido em função das condições de reprodução do capital mas também em função das condições de reprodução da vida humana.

Portanto, o espaço se reproduz de um lado a partir da contradição entre produção socializada e apropriação privada e de outro a partir da luta no interior da sociedade entre o que é necessário ao processo de reprodução do capital e o que a sociedade como um todo necessita. Este ponto leva-nos, necessariamente, a pensar as possibilidades de transformação do espaço e da sociedade. Portanto, existe uma outra dimensão do processo de alienação. Isto porque o processo de constituição da humanidade é contraditório e traz no seu bojo a articulação humanização-desumanização do homem. Nesse sentido o processo de alienação imposto pelo desenvolvimento do capital que nos leva a refletir sobre o homem-máquina ou homem-mercadoria, também nos permite pensar na liberdade e na possibilidade de transformação da cidade.

Isto significa que a alienação não é a absoluta negação do homem; no processo de humanização configura-se a possibilidade de o homem construir sua humanidade.

Vimos que o espaço produz-se em função das necessidades e objetivos do capital, mas também vimos que a sociedade não se deixa inserir nessa lógica sem resistência. O espaço não é neutro, ele foi modelado a partir de elementos históricos ou naturais, mas politicamente.

Logo, existem estratégias espaciais. Aquela do capital que o produz enquanto capital fixo – vinculado às necessidades de reprodução ampliada do capital – e aquela da sociedade que o produz enquanto meio de consumo coletivo.

No dizer de Yves Lacoste, "os discursos que hoje tratam do reordenamento do território, em termos de harmonia, de busca de melhores equilíbrios servem apenas para mascarar as medidas que

*A cidade se reproduz enquanto lugar de confrontos, encontros e desencontros. Ela é sem dúvida o lugar onde as lutas **se** manifestam em toda sua plenitude ganhando visibilidade.*

permitem às empresas, sobretudo às mais poderosas, aumentar seus lucros. Todavia, o reordenamento do território não visa apenas maximizar os lucros, mas organizar estrategicamente o espaço econômico, social e político de modo a que o aparelho de Estado esteja à altura de esmagar movimentos populares".

Cabe ao Estado, dentro da lógica do sistema capitalista, garantir a reprodução do capital, gerenciando conflitos que possam interferir na realização do ciclo do capital, seja produzindo infra-estrutura, seja controlando salários de modo a mantê-los baixos, etc. Não cabe ao Estado capitalista eliminar as contradições do sistema, mas amenizá-las, mistificá-las, impondo à vida da sociedade as necessidades da dinâmica da acumulação.

Manifestações Proibidas

Não são raros os exemplos que aparecem diariamente nos jornais, onde a polícia (civil ou militar) age enquanto "agente da ordem" de modo a impedir manifestações que possam vir a colocar em xeque a gestão governamental e a lógica capitalista.

Escreve Eder Sader (*Remodelando a Experiência*): "As pessoas que haviam chegado ao centro de São Bernardo na ensolarada manhã do dia 1º de maio de 1980 para a comemoração da data se depararam com a cidade ocupada por 8 mil policiais armados com ordem de impedir qualquer concentração já desde as primeiras horas daquele dia. As vias de acesso estavam bloqueadas por comandos policiais que vistoriavam ônibus, caminhões e automóveis que se dirigiam à cidade metalúrgica. Enquanto um helicóptero sobrevoava os locais previstos para as manifestações, carros de assalto e brucutus exibiam a disposição repressiva das forças da ordem".

O *Jornal da Tarde* de 14 de abril de 1988 assinala que "sem qualquer incidente, apesar de ter durado cerca de 5 horas o protesto dos servidores públicos reuniu ontem cerca de 4 mil pessoas no gramado diante do Ministério da Fazenda em Brasília. Sob forte aparato policial 1.600 homens ocuparam a Esplanada dos Ministérios".

Para a *Folha de S. Paulo*, 14 pessoas saíram feridas "do confronto ocorrido anteontem em Belém, nas dependências da Secretaria da Educação, onde os professores em greve, há mais de uma semana, buscavam uma audiência com a Secretaria. Os militares acionados para manter a ordem tentaram evacuar o prédio com golpes de cassetete transformando o hall de entrada numa verdadeira praça de guerra".

Outro jornal, refere-se a trabalhadores das estatais que protestam contra o congelamento da URP. Lê-se: "40 homens do 5º Batalhão da Polícia Militar foram destacados para o policiamento das manifestações. Mais de mil homens de três batalhões, tropas de choque e o núcleo de operações especiais estavam de prontidão" (17/4/88).

Os governadores de São Paulo e Rio de Janeiro, ambos do PMDB (1987-1990) usaram seu poder para fechar ruas e avenidas próximas aos respectivos palácios de governo, frente a qualquer manifestação que tentasse se dirigir a esses palácios. O ex-prefeito de São Paulo, Jânio Quadros (1985-88), chegou a proibir manifestações em São Paulo sem o aval da prefeitura. Também empenhou-se para levar para a periferia várias favelas que ocupavam áreas centrais e valorizadas do capital paulista.

Os exemplos são inúmeros. A sociedade é tirada o direito à cidade. A propriedade privada disciplina o uso – quem não tem acesso à propriedade da terra é invasor – determinando a distribuição das atividades e o acesso ao solo enquanto a polícia "mantém a ordem". Até os espaços públicos (secretarias de governo, praças, avenidas) são subtraídos à sociedade, na medida em que seu uso é determinado pelas circunstâncias. Na avenida Paulista (no centro da cidade de São Paulo) as manifestações vinculadas às vitórias esportivas brasileiras não são proibidas, enquanto outros tipos de manifestação o são.

O *Notícias da CUT* de 1º de maio de 1988, sob o título "Brasil produz armas antipovo e exporta repressão", dá-nos a extensão do problema. "A venda de armamentos ao exterior ocupa o 4º lugar nas exportações brasileiras, depois da soja, minério de ferro e café. Em 1983, o país exportou cerca de 3 bilhões de dólares em armas. Sabem qual é a principal característica das armas produzidas no Brasil? Elas foram projetadas com a função principal de reprimir todo tipo de revolta popular... Os urutus, jararacas e cascavéis saem das fábricas direto para dissolver com violência greves, passeatas, ocupações de terra e outras manifestações populares".

Os Frutos dos Movimentos

Hoje é absolutamente impossível pensar na produção do espaço urbano metropolitano de São Paulo, por exemplo, sem levar em conta o papel dos movimentos sociais urbanos. Os movimentos de bairro são, para Paul Singer, "parte da dinâmica social do mundo urbano capitalista. Eles constituem ao mesmo tempo formas de solidariedade, coesão comunal e de luta por melhores condições de vida da população pobre. Os que carecem de recursos econômicos e de poder dependem, muito mais do que as camadas mais privilegiadas, do contato social com seus iguais e da ajuda mútua que dele pode resultar (...). Os movimentos de bairros têm por base formas de coesão social que viabilizam sua expressão 'para fora' no sentido de reivindicar junto dos poderes públicos a satisfação de demandas que decorrem das próprias urgências da vida urbana, tal como ela se constitui atualmente".

O contato cotidiano com o outro implica na descoberta de modos de vida, problemas e perspectivas comuns. Por outro lado, produz junto com a identidade, a consciência da desigualdade e das contradições nas quais se funda a vida humana.

Os movimentos sociais nascem da consciência das condições de vida das diversas classes. O indivíduo toma consciência de seu direito de participação nas decisões como decorrência da vida na cidade. Desse modo esses movimentos têm um papel importante na ampliação e acumulação de forças e experiências. Marcam o início de um processo que tende a afetar a vida daqueles que dele participam, pelo enriquecimento que o contato com o outro propicia e que o debate estimula. Poderá reforçar ou mesmo detonar avanços políticos substantivos em direção à democratização, na medida em que traduz a ideia do sujeito coletivo, como uma revelação da identidade do homem, através da ação. É a luta pela cidadania, a luta por transformações socioeconômico-espaciais. Trata-se, de fato, do inalienável direito a uma vida decente para todos, não importando o lugar em que se encontre, na cidade ou no campo. Mais do que um direito à cidade, o que está em jogo é o direito a obter da sociedade aqueles bens e serviços mínimos, sem os quais a existência não é digna. É o direito à participação numa sociedade de excluídos.

Tal processo se realiza no cotidiano massacrante e alienante e produz a consciência da vida na contradição entre a esperança concebida da vida na contradição entre esta e o cotidiano vivido. Essa lucidez exige transformações.

No que se refere especificamente aos movimentos sociais urbanos, eles têm colocado em xeque na cidade as contradições geradas pelo capitalismo, bem como as formas de entendimento sobre a cidade. Num primeiro momento a luta é para suprir necessidades básicas – o que implicaria a melhoria da vida cotidiana; num segundo momento a luta assume uma dimensão política mais ampla, a do direito de cidadania, do direito à cidade, num novo patamar de reprodução da vida.

O espaço, por sua vez, está longe de ser o palco das disputas e das lutas em torno do que convencionalmente vem se chamando o "ambiente construído" para ser a força motriz do processo de reprodução do espaço geográfico. A elaboração de propostas de mudanças em direção a uma nova sociedade, induz-nos a discutir a necessidade de transformações radicais.

A discussão pertinente ao processo de constituição da humanidade do homem, a partir dos processos de produção material, fundados na divisão do trabalho, dá-nos a dimensão da importância dos movimentos urbanos. E nos permite apreender o processo de alienação, a partir do qual o espaço reproduz-se. É uma outra vertente, de onde se pode analisar a contradição entre a produção socializada do espaço e sua apropriação privada.

A coisificação das relações sociais que ocorre no processo produtivo, desumaniza e desvaloriza o homem em detrimento do objeto criado, cuja posse significa riqueza e poder. O aprofundamento dessa contradição produz a necessidade de superação e, consequentemente, formas de luta.

Dessa forma, se a alienação permeia as relações sociais no mundo de hoje, se o mundo dos homens se reproduz como o mundo das coisas, das mercadorias, na consciência desse processo surge a ideia de liberdade baseada na união com o outro, na superação das relações sociais atomizadas em busca do direito de participação numa sociedade de excluídos, fundamentada nas relações de dominação, em que o direito humano vincula-se à propriedade privada.

O processo de constituição do humano envolve uma contradição entre o desenvolvimento da desumanização e da humanização do homem. Isto ocorre no exercício da alienação e na busca da liberdade individual constituída a partir do nível genérico.

É necessário superar a alienação à qual está submetido o processo de trabalho e o seu produto; o que (no nosso caso) levaria à reprodução de um novo tipo de urbano.

Fala-se na construção de uma cidade democrática e livre. Para que isso ocorra é necessária uma pré-condição: a existência de homens livres. E a cidade não deve ser entendida como valor de troca e suas áreas mantidas como reservas de valor. Impõe-se pensar a cidade não enquanto materialização das condições gerais do processo de reprodução do capital, mas da vida humana em sua plenitude. É fundamental superar a contradição da lógica do atual sistema entre valor de uso e de troca. O novo urbano seria produto de outras relações e não as fundamentadas na subordinação dos indivíduos na segregação social. O trabalho teria um novo conteúdo. A nova configuração espacial seria produto das novas relações entre as pessoas, realizadas em função de novos valores.

Os caminhos trilhados nos remetem a repensar a noção de espaço-produto, tão presente na atual literatura geográfica, numa outra perspectiva. Ele não é só produto, mas também condições e meio de processo de reprodução da sociedade. Por outro lado, tal abordagem permite-nos repensar o papel do homem na análise espacial (do ponto de vista geográfico), enquanto sujeito; em sua vida, seus valores, sua cultura, suas lutas, ansiedades e projetos.

CONCLUSÃO

O entendimento da cidade deve ser feito tendo como pano de fundo a sociedade urbana em processo de constituição, portanto, em movimento. Significa, na perspectiva geográfica, pensar a cidade a partir da espacialidade das relações sociais em sua natureza social e histórica.

As transformações do espaço nos levam a pensar a metrópole enquanto forma atual característica do processo de reprodução do espaço urbano. Estamos diante de uma realidade espacial em que nada lembra a natureza e, ao mesmo tempo, parece ser inebriante a sensação do pertencer ao mundo produzido pelo homem. A metrópole aparece hoje como a expressão última do processo de urbanização que tende à universalização, o lugar da liberdade e do aprisionamento, onde as diferenciações se colocam de forma clara e evidente nas formas arquitetônicas, nos gestos, roupas, olhares. Pensar a cidade e o urbano na perspectiva aqui analisada significa pensar a dimensão do humano, onde o espaço urbano é entendido enquanto *produto, condição* e *meio* do processo de reprodução da sociedade urbana.

O que temos como horizonte é o processo de reprodução da cidade e do urbano de um lado e a produção de um modo de entendimento desse fenômeno a partir do modo de vida urbano, do cotidiano, valores, cultura, etc., de outro. A cidade é uma realização humana, produto e obra, por isso tem a dimensão do movimento da vida humana. Diferencia-se do campo não apenas pelas atividades, mas enquanto construção/realização de um espaço que se distancia da natureza, sem contudo perder sua dimensão natural. A cidade, através do trabalho humano, transforma-se constantemente e, como decorrência, modifica a vida do cidadão, seu cotidiano, suas perspectivas, desejos e necessidades, transforma as relações com o outro e suas relações com a cidade redefinindo as formas de apropriação e o modo de reprodução do espaço.

A sociedade urbana em constituição coloca-nos diante de um cenário cambiante com tendência à dissolução das relações sociais que ligam os homens entre si e das relações entre os homens e seus objetos implicando uma metamorfose dos valores de uso que servem de suporte à sociedade, bem como uma profunda modificação no modo de vida urbana.

Assistimos a um processo em que a realidade urbana se generaliza, não sem conflitos nem tampouco de forma homogênea. A vida urbana se acentua e se reforça através de múltiplas contradições e aponta para um urbano em constante realização. A cidade espelha esse fato; ela não está pronta e acabada. Nela parece evitar-se cunhar o definitivo. Os guindastes, motosserras, as britadeiras, os caminhões de concreto são metáforas da criação de *formas fluidas, efêmeras*; isto se reflete nos pontos de referência da vida cotidiana onde os usos guardam a dimensão da totalidade espacial. "A forma de uma cidade muda mais depressa do que o coração de um mortal...", escreveu Baudelaire.

O processo de constituição, hoje, implica profundas e incessantes transformações no nível do vivido pela tendência à destruição da memória social. Há um verdadeiro aniquilamento das referências individuais e coletivas decorrente da fragmentação da consciência urbana. Gestos, roupas e comportamentos mostram uma igualdade massacrante. "No espetáculo da multidão, o indivíduo se perde e para ele a cidade se torna ora passagem ora vitrine", escreve Olgária Matos em *A Cidade e o Tempo*.

A cidade se reproduz na contradição entre a *eliminação substancial* e *manutenção persistente* dos lugares de encontros e reencontros, da festa, da apropriação do público para a vida. Há resíduos e resistências nos subterrâneos que fogem ao processo homogeneizador e terrificante do capital.

As lutas, as formas de resistência, que emergem das contradições impostas pelo capital, contrapõem-se a ele e isso se dá no estreito limite da reprodução do espaço urbano enquanto reprodução da vida humana em sua plena dimensão. O espaço urbano é o espaço da reprodução das relações sociais que envolve várias dimensões da vida humana.

É importante salientar que o espaço urbano se reproduz na contradição/luta. De um lado estão necessidades do processo de valorização do capital – enquanto condição geral de produção – em que o indivíduo se perde, cria-se o estranhamento, o distanciamento e o desencanto do mundo; a cidade dividida e vendida aos pedaços, espelha a segregação do habitante, expulsando-o para a periferia da mancha urbana. De outro, ocorre a reprodução da vida humana em todas as suas dimensões, enquanto retomada dos lugares, recriação de pontos de encontro, e da busca de identidade com o outro.

É preciso decifrar os significados mais profundos do urbano, é preciso traduzir a vida urbana em sua realidade prático-sensível. O espaço urbano como produção social sai da prática, do modo de produção, das relações dominadas pelo capital, mas reage a eles.

"todas as coisas de que falo
estão na cidade
entre o céu e a terra.
São todas elas coisas perecíveis
e eternas como teu riso
a palavra solidária
minha mão aberta..."
Ferreira Gullar.

SUGESTÕES DE LEITURA

BENJAMIN, W. *Rua de Mão Única*. Obras Escolhidas II, São Paulo, Brasiliense, 1987.
BENJAMIN, W. "Paris Capital do século XIX". *In* Fernandes, F. (org.) *Walter Benjamin*. São Paulo, Ática, 1985.
BENJAMIN, W. 1985. "A Paris do Segundo Império em Baudelaire". *In* Fernandes, F. (org.) *Walter Benjamin*. São Paulo, Ática,1985.
BERMAN, M. *Tudo que é Sólido se Desmancha no Ar – A Aventura da Modernidade*. São Paulo, Cia. das Letras, 1986.
CARLOS, ANA FANI. *Reflexões sobre o espaço geográfico*. FFLCH/USP, mimeo, 1979.
CARLOS, ANA FANI. *A (re)produção do espaço urbano*. FFLCH/USP, Mimeo, 1987.
CORREIA, R. L. *O espaço urbano*. Série Princípios, São Paulo, Ática, 1989.
LEFBVRE, H. *O direito à cidade*. São Paulo, Documentos, 1969.
LEFBVRE, H. *Le droit à la Ville*, Paris, Anthropos, 1968.
LEFBVRE, H. *A Vida Cotidiana no Mundo Moderno*, São Paulo, Ática, 1991.
MARICATO, E. (org.). *A Produção Capitalista da Casa (e da Cidade) No Brasil Industrial*. São Paulo, Alfa-Omega, 1982.
MUMFORD, L. *A Cidade na História*. São Paulo, Edusp, volumes 1 e 2,1985.
RIBEIRO, D. *O Processo Civilizatório*. Rio de Janeiro, Civilização Brasileira, 1975.

RODRIGUES, A. M. *Moradia nas Cidades Brasileiras*. São Paulo, Contexto, SP, 1988.

SANTOS, M. *O Espaço do Cidadão*. São Paulo, Nobel, 1987.

SINGER, P. *Economia Política da Urbanização*. São Paulo, Brasiliense/Cebrap, 1973.

SPOSITO, M. E. B. *Capitalismo e Urbanização*. São Paulo, Contexto, 1989.

O LEITOR NO CONTEXTO

A ausência da postura crítica tem sido marca registrada do ensino. Ora, tal postura é indispensável no processo de produção do conhecimento. A cada dia surgem novas ideias e/ou reformulam-se velhas, isto é, reproduzem-se ideias, nessa cadeia infinita que é o conhecimento, onde somente a crítica nos permite, efetivamente, avançar.

O ensino não significa, apenas e tão somente, ingestão de ideias. É também um processo dinâmico, um ato de produção e de criação. É um desafio e a possibilidade do exercício da liberdade.

E o ensino deve ser exercido de modo livre para que o aprendizado permita a livre atuação da personalidade do ser humano e a tomada de consciência da realidade concreta em que vivem os homens e das contradições que dela emergem.

O processo educacional é uma arma perigosa e deve ser levado em conta seu caráter contraditório. Do mesmo modo que pode cegar o aluno, pode abrir ao indivíduo novos horizontes, criando a perspectiva da realização de seu próprio processo de humanização enquanto ser pensante. Nesse sentido abrem-se duas opções:

a) as escolas secundárias continuarem produzindo uma *importante qualidade* de mão de obra pouco *qualificada*; indivíduos formados em salas de aula onde se processam o abafamento da atividade intelectual, a falta de estímulo à reflexão e à criatividade. É o espaço da repressão, do saber imposto e engolido, sem nenhuma postura crítica.

b) o ensino ter por objetivo fundamental o desenvolvimento da criatividade, o aprendizado da liberdade e da cidadania.

A sala de aula nesse caso desfavoreceria a imitação, o saber "imposto" e "vomitado" nas provas, estimulando a espontaneidade do pensar. O exercício da liberdade pressupõe trabalho criativo, alimentando no aluno a paixão pela descoberta. O ponto de partida é a preocupação com a constituição da realidade, com a apreensão do movimento real dos fenômenos. Trazer para a sala de aula o cotidiano do aluno e estimular suas respostas. Não se trata de ensinar ao aluno a realidade da metrópole paulista, mas fazê-lo *refletir* sobre a cidade em que vive, as semelhanças e diferenças com a metrópole e seu modo de vida, entendendo e respeitando o fato de que se o urbano e a cidade têm uma fundamentação capaz de dar conta da totalidade da sociedade urbana, o processo é desigual e as especificidades do lugar dão uma nova perspectiva à análise.

Em síntese, é necessário questionar o papel da escola enquanto *locus* da reprodução das relações de produção capitalistas, aquela do saber "imposto, decorado e vomitado". É também necessário refletir sobre o papel da geografia no processo de explicitação da realidade social bem como o papel da geografia na sociedade atual.

Mas por outro lado também é importante refletir sobre a incrível distância que se estabelece entre o que é "aprendido" na sala de aula e a realidade "lá fora", respeitando a capacidade de apreensão do aluno, que difere em função da idade.

1. *Jogo das associações*
É muito interessante para o início da discussão sobre o entendimento da cidade partir das formas/símbolos que ela projeta em nossas vidas. Se pedirmos para o aluno escrever a primeira palavra que lhe vier à cabeça associada à palavra cidade, teremos exemplos muito interessantes para iniciar a discussão sobre a paisagem urbana e com isso nos aproximarmos do debate em torno do que é a cidade.

2. *Excursão*
A excursão, seja no quarteirão da escola ou de um bairro, o percurso escola-casa-escola, etc., coloca o aluno em contato com uma situação real. Através da observação, ele pode apreender os traços e características gerais da paisagem geográfica. Ele se coloca enquanto sujeito que tem condições de apreender

o objeto de estudo de forma mais clara e dinâmica. O conhecimento é um processo cognitivo que promove uma interação sujeito-objeto, em que ambos têm existência real e objetiva. No entanto, não existe sujeito de um lado e objeto de outro, mas uma inter-relação. Faz parte da vida cotidiana do estudante o bairro onde mora, a escola onde estuda, o lugar onde brinca, os locais onde passeia. É necessário fazê-lo discutir em sala de aula esse cotidiano, analisar o quadro das relações diárias com as quais ele convive. Antes de saber sobre os afluentes do rio Amazonas ele precisa visualizar um rio. Por que não aquele que passa atrás da escola?

Por outro lado, entender o dinamismo do que ele vive ou com o qual entra em contato, leva-o a refletir sobre o fato de que o conhecimento não é uma explicação pronta e acabada, a realidade é dinâmica e o conhecimento decorrente desse processo, é um eterno construir-se. O modo como seus pais moravam, brincavam, estudavam era provavelmente muito diferente do que ele vive hoje.

Ele deve ser convidado a observar o cotidiano, o vivido e produzido por homens reais, que deve ser analisado e explicado e que a ciência não repousa no conhecimento de fatos excepcionais. O que é preciso entender é o quadro de relações que nos possibilita entender como o homem produz e se relaciona com os outros, como vive. São os homens vivos, no seu cotidiano, que reproduzem a história universal. O modo de explicar o dia a dia tem o poder de iluminar ou obscurecer os fatos e assim determinar os modos de intervenção do homem, em sociedade, na realidade.

A excursão, sobretudo a de observação, coloca o aluno diante do óbvio e do inevitável, aguça seus sentidos e aproxima-os da vida. Ela mostra as diferenças, as diferenças que emergem naturalmente ao observador e coloca-lhe questões. Por outro lado, é também uma forma de engajar o aluno, de motivá-lo. É muito mais difícil ficar indiferente ao tema em debate.

Talvez seja, assim, menos complicado para o aluno entender que o conhecimento não é uma atividade contemplativa e que o sujeito que aprende e o objeto de estudo não existem de forma independente.

Assim, a compreensão do geográfico vai emergir de uma reflexão dos dados da vida cotidiana. O aluno assume o papel dinâmico nesse processo, ao elaborar uma construção particular do tema em questão, os percalços da compreensão, as indagações.

3. *O vídeo*
Hoje em dia, muitas escolas possuem videocassete, que é um importante recurso didático. Permite verificar a indissociabilidade entre ciência e arte ao ser utilizado no entendimento da realidade cotidiana. Há inúmeros filmes que podem ser debatidos em sala de aula.

4. *O desenvolvimento da postura crítica do aluno*
Partindo-se do pressuposto de que o conhecimento é um processo cumulativo e dinâmico, o trabalho intelectual é antes de mais nada um comportamento crítico em relação ao que existe produzido, em termos de conhecimento, num determinado momento.

A postura crítica não é aquela que destrói o que existe, mas aquela que supera, abrindo a perspectiva de se discutir a realização concreta da história. O conhecimento é dinâmico, e não um sistema fechado.

O comportamento crítico aparece como uma necessidade na discussão da relação entre aparência e essência na necessidade de superação da forma para se desvendar o que existe por trás das relações, apreendendo seu desenvolvimento histórico. A preocupação com a constituição da realidade, com a apreensão do movimento (contraditório) real dos fenômenos, é fundamental.

O trabalho intelectual não é especulativo, é um trabalho de descoberta, onde o resultado não é predeterminado. Procura-se descobrir o movimento da história e seu conteúdo, e estabelecer nexos.

Assim, os alunos devem assumir um papel ativo no seu processo de formação, pois mais do que habilitar técnicos, devemos formar uma massa crítica para influir sobre a realidade com uma perspectiva de mudança. Cabe ao professor incentivar o aluno nessa direção.

LEIA TAMBÉM

O ESPAÇO PÚBLICO NA CIDADE CONTEMPORÂNEA
Angelo Serpa

Qual o papel desempenhado pelo espaço público na cidade hoje? Por que poucos se beneficiam desse tipo de espaço teoricamente comum a todos? Este livro traça uma análise crítica do que ocorre hoje nas grandes cidades. Valendo-se de uma variedade de exemplos, o autor analisa o espaço público como arena de ação política de intervenção urbana e como mercadoria para consumo de poucos. Desafio para a geografia, assim como para outras áreas, o uso do espaço público hoje é tema de debates acalorados em todas as metrópoles e cidades médias. Este livro é uma importante contribuição para geógrafos, planejadores urbanos, arquitetos e para todos os cidadãos usuários dos espaços públicos.

PENSAR E SER EM GEOGRAFIA
Ruy Moreira

Este livro é um convite a alunos e professores de geografia para transitarem com o autor pelo campo dos antigos e novos aspectos do pensamento geográfico, seus caminhos e embates. Da história da ciência geográfica ao balanço da problemática da existência e do ser no espaço, Ruy Moreira – um dos mais importantes geógrafos do cenário brasileiro – trabalha conceitos fundamentais e analisa o papel da geografia no século XXI.

CADASTRE-SE
EM NOSSO SITE,
FIQUE POR DENTRO DAS NOVIDADES
E APROVEITE OS MELHORES DESCONTOS

LIVROS NAS ÁREAS DE:

História | Língua Portuguesa

Educação | Geografia | Comunicação

Relações Internacionais | Ciências Sociais

Formação de professor | Interesse geral

ou
editoracontexto.com.br/newscontexto

Siga a Contexto
nas Redes Sociais:
@editoracontexto